JICHUKUAIJISHIXUN

普通高等教育“十三五”应用型本科系列规划教材·会计与财务管理类

基础会计实训

主　编　白　宁　妥晓芬　黄占银　李瑞瑞
副主编　马海燕　王玥芸　马　丽

西安交通大学出版社
XI'AN JIAOTONG UNIVERSITY PRESS

内容提要

本书是《基础会计》的配套实训教材。本教材融教和做于一体，着力培养学生的实践能力，所选择的实训资料均是具有代表性的企业资料。书中提供了大量的仿真空白原始凭证，使学生以不同的角色完成凭证的填制，突出角色的变换，培养学习者的实际操作能力。全书分为七章：第一章，基础书写训练；第二章，原始凭证的填制与审核；第三章，记账凭证的填制和审核；第四章，会计账簿的设置与登记；第五章，银行存款余额调节表编制；第六章，错账更正；第七章，会计报表的编制。

本教材配套《基础会计》教材使用，可作为应用型本科院校经济管理类各专业基础会计课程的配套实训教材，也可作为在职财会人员继续教育和进修培训的实训辅助用书。

前言

本书融教和做于一体，着力培养学生的实践能力。本书所选择的实训资料是具有代表性的企业资料，书中提供了大量的仿真空白原始凭证，使学生以不同的角色完成凭证的填制，突出角色的变换，培养学习者的实际操作能力。全书分为七章：第一章是基础书写训练，第二章是原始凭证的填制与审核，第三章是记账凭证的填制和审核，第四章是会计账簿的设置与登记，第五章是银行存款余额调节表编制，第六章是错账更正，第七章是会计报表的编制。

本书由白宁、妥晓芬、黄占银、李瑞瑞主编，马海燕、王玥芸、马丽任副主编，具体分工如下：白宁负责全书的策划、统筹工作；妥晓芬负责全书的审稿工作；白宁、妥晓芬、李瑞瑞、王玥芸、马海燕、马丽共同编写本书七章内容。

本教材中出现的人名、单位名称、开户银行及账号、数据和各种印鉴、票据等，都是作者从经济生活中虚拟而成，特此声明。

本书在撰写过程中，参考引用了一些文献资料，已在书后的参考文献中列出，在此，向文献资料的作者表示深深的谢意！由于编者水平有限，加之时间仓促，疏漏、不妥之处在所难免。诚恳希望使用本书的师生及其他读者提出宝贵意见，以使教材更加完善。

编　者

2016 年 5 月

目录

第一章　基础书写训练

一、实训目的

写算能力是会计人员最基本的业务素质要求。其中，写，包括文字与数字的书写，应清晰、流畅、规范。通过基础书写的练习，我们将带大家一起掌握阿拉伯数字的标准写法，做到书写规范、清晰、流畅；掌握汉字大写数字的标准写法，做到书写规范、流畅；掌握大小写金额的标准写法，做到书写规范、清晰、流畅。

二、实训原理

(一)阿拉伯数字的标准写法

(1)数字应当一个一个地写，不得连笔写。

(2)字体要各自成形，大小均衡，排列整齐，字迹工整、清晰。

(3)有圆的数字，如：6、8、9、0 等，圆圈必须封口。

(4)同行的相邻数字之间要空出半个阿拉伯数字的位置。

(5)每个数字要紧靠凭证或账表行格底线书写，字体高度占行格高度的 1/2 以下，不能写满格，以便留有改错的空间。

(6)"6"字要比一般数字向右上方长出 1/4，"7"、"9"字要向左下方(过底线)长出 1/4。

(7)字体要自右上方向左下方倾斜写，倾斜度约为 60°。

(8)阿拉伯数字参考字体如下：

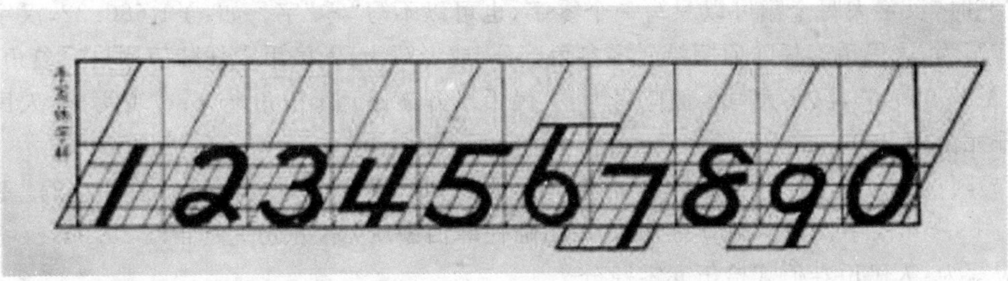

(二)汉字大写数字的标准写法

(1)汉字大写数字要以正楷或行书字体书写，不得连笔写。

(2)不允许使用未经国务院公布的简化字或谐音字。大写数字一律用"壹、贰、叁、肆、伍、陆、柒、捌、玖、拾、佰、仟、万、亿、元、角、分、零、整"等。不得用"毛"代替"角"、"另"代替"零"。

(3)字体要各自成形，大小均衡，排列整齐，字迹要工整、清晰。

(三)大小写金额的标准写法

1.小写金额的标准写法

(1)没有位数分割线的凭证账表上的标准写法:

①阿拉伯金额数字前面应当书写货币币种符号或者货币名称简写,币种符号和阿拉伯数字之间不得留有空白。凡阿拉伯数字前写出币种符号的,数字后面不再写货币单位。

②以元为单位的阿拉伯数字,除表示单价等情况外,一律写到角分;没有角分的角位和分位可写出“00”或者“—”;有角无分的,分位应当写出“0”,不得用“—”代替。

③只有分位金额的,在元和角位上各写一个“0”字并在元与角之间点一个小数点,如“¥0.06”。

④元以上每三位要空出半个阿拉伯数字的位置书写,如:

¥5 647 108.92。也可以三位一节用“分位号”分开,如:¥5 647 108.92。

(2)有数位分割线的凭证账表的标准写法:

①对应固定的位数填写,不得错位。

②只有分位金额的,在元和角位上均不得写“0”字。

③只有角位或角分位金额的,在元位上不得写“0”字。

④分位是“0”的,在分位上写“0”,角分位都是“0”的,在角分位上各写一个“0”字。

2.大写金额的标准写法

(1)大写金额要紧靠“人民币”三字书写,不得留有空白,如果大写数字前没有印好“人民币”字样的,应加填“人民币”三字。

(2)大写金额数字到“元”或“角”,在“元”或“角”后写“整”字;大写金额有“分”的,“分”后面不写“整”字。如:¥12 000.00应写为:人民币壹万贰仟元整;再如:¥48 651.80可写为:人民币肆万捌仟陆佰伍拾壹元捌角整,而¥486.56应写为:人民币肆佰捌拾陆元伍角陆分。

(3)分位是“0”可不写“零分”字样,如:¥4.60应写为:人民币肆元陆角整。

(4)阿拉伯金额数字中间有“0”时,汉字大写金额要写“零”字。如¥1 409.50应写为:人民币壹仟肆佰零玖元伍角整。

(5)阿拉伯金额数字元位是“0”的,或者数字中间连续有几个“0”的,元位也是“0”,但角位不是“0”时,汉字大写金额可以只写一个零字,也可以不写“零”字。如:¥1 680.32,汉字大写金额应写为:人民币壹仟陆佰捌拾元零叁角贰分;或者写为:人民币壹仟陆佰捌拾元叁角贰分。又如:¥97 000.53,汉字大写金额应写为:人民币玖万柒仟元零伍角叁分;或者写成:人民币玖万柒仟元伍角叁分。

(6)阿拉伯金额数字角位是“0”,而分位不是“0”时,汉字大写金额“元”后面应写“零”字。如¥6 409.02,汉字大写金额应写成:人民币陆仟肆佰零玖元零贰分;又如¥325.04,汉字大写金额应写为:人民币叁佰贰拾伍元零肆分。

(7)阿拉伯金额数字最高是“1”的,汉字大写金额加写“壹”字,如¥15.80,汉字大写金额应写成:人民币壹拾伍元捌角整;¥135 800.00,汉字大写金额应写成:人民币壹拾叁万伍仟捌佰元整。

(8)在印有大写金额万、仟、佰、拾、元、角、分位置的凭证上书写大写金额时,金额前面如有空位,可划“×”注销,阿拉伯金额数字中间有几个“0”(含分位),汉字大写金额就是几个“零”

字。又如￥100.50汉字大写金额应写成:人民币×万×仟壹佰零拾零元伍角零分。

3.大小写金额书写示例

表1-1 大小写金额书写对照表

会计凭证账表的小写金额栏								原始凭证上的大写金额栏
没有数位分割线	有数位分割线							
	万	千	百	十	元	角	分	
￥0.08						￥	8	人民币:捌分
￥0.60					￥	6	0	人民币:陆角整
￥2.00				￥	2	0	0	人民币:贰元整
￥17.08			￥	1	7	0	8	人民币:壹拾柒元零捌分
￥630.06		￥	6	3	0	0	6	人民币:陆佰叁拾零元零角陆分
￥4 020.70	￥	4	0	2	0	7	0	人民币:肆仟零贰拾元柒角整
￥15 006.09	1	5	0	0	6	0	9	人民币:壹万伍仟零陆元零玖分
￥13 000.40	1	3	0	0	0	4	0	人民币:壹万叁仟零佰零拾零元肆角零分

三、实训内容

(1)1—10阿拉伯数字书写练习。

(2)壹、贰、叁、肆、伍、陆、柒、捌、玖、拾、佰、仟、万、亿、元、角、分、零、整汉字大写数字书写练习。

(3)大小写金额书写练习。

2014年1月份现金和银行存款收付业务的发生额:

①￥0.72　②￥0.50　③￥16.05　④￥84.00　⑤￥150.65

⑥￥6 430.08　⑦￥80 004.73　⑧￥131 000.40　⑨￥109 806.50

四、实训要求

(1)阿拉伯数字书写,要求书写规范、流畅。

(2)汉字大写数字书写,要求书写规范、流畅。

(3)按业务发生额书写大小写金额,要求书写规范、流畅。

(4)见附录一。

第二章　原始凭证的填制与审核

一、实训目的

填制和审核会计凭证是会计核算工作的起点，是会计工作的基本环节。会计凭证又分为原始凭证和记账凭证，其中原始凭证作为作为经济业务具体内部和完成情况的书面证明，是会计核算的原始资料和主要依据。因此，正确填制和严格审核原始凭证是会计核算的一项基本技能。

通过原始凭证填制与审核的练习我们将带大家一起掌握根据经济业务内容填制各种不同格式原始凭证的方法和技巧，熟悉各类业务应用的原始凭证种类、格式及填制的具体方法，加深对原始凭证有效性的认识。熟练掌握原始凭证填制和审核的基本规范。

二、实训原理

（一）概述

原始凭证又称单据，是在经济业务发生或完成时取得或填制的，用于记录或证明经济业务的发生或完成情况的书面证明，是记账的原始依据，也是会计核算的重要资料，具有法律效力。

（二）原始凭证的分类和填制技术

1. 原始凭证的分类

原始凭证按来源不同，分为自制原始凭证和外来原始凭证两类。

自制原始凭证的特点是由本单位经办业务的部门和人员在执行或完成某项经济业务时自行填制的凭证。自制原始凭证按其填制手续不同，又分为一次凭证、累计凭证和汇总凭证三种。

一次凭证，是指只记载一项经济业务或同时记载若干项同类经济业务，填制手续一次完成的凭证。例如，增值税专用发票就是一次凭证，见表 2 - 1。一次凭证只能反映一笔业务的内容，使用方便灵活，但数量较多，核算较麻烦。

累计凭证，是指连续记载一定时期内不断重复发生的同类经济业务，填制手续是在一张凭证上多次进行才能完成的凭证。例如限额领料单就是一种累计凭证，见表 2 - 2。使用累计凭证，由于平时随时登记发生的经济业务，并计算累计数，期末计算总数后作为记账的依据，所以能减少凭证数量，简化凭证填制手续。

表 2－1　增值税专用发票

开票日期：　　　　　　　　　　　　　　　　　　　　　　　　　　　　　　№：

<table>
<tr><td rowspan="2">购货
单位</td><td>名　　称</td><td colspan="2" rowspan="2"></td><td colspan="2">纳税人登记号</td><td colspan="2" rowspan="2"></td></tr>
<tr><td>地址、电话</td><td colspan="2">开户银行及账号</td></tr>
<tr><td colspan="2">货物或应税劳务名称</td><td>计量单位</td><td>数量</td><td>单价</td><td>金额</td><td>税率%</td><td>税额</td></tr>
<tr><td colspan="2"></td><td></td><td></td><td></td><td></td><td></td><td></td></tr>
<tr><td colspan="2"></td><td></td><td></td><td></td><td></td><td></td><td></td></tr>
<tr><td colspan="2"></td><td></td><td></td><td></td><td></td><td></td><td></td></tr>
<tr><td colspan="2">合　计</td><td></td><td></td><td></td><td></td><td></td><td></td></tr>
<tr><td colspan="2">价税合计(大写)</td><td colspan="6">仟 佰 拾 万 仟 佰 拾 元 角 分　　　　　¥</td></tr>
<tr><td rowspan="2">销货
单位</td><td>名　　称</td><td colspan="2" rowspan="2"></td><td colspan="2">纳税人登记号</td><td colspan="2" rowspan="2"></td></tr>
<tr><td>地址、电话</td><td colspan="2">开户银行及账号</td></tr>
</table>

开票人：　　　　　　　　　开票单位：

表 2－2　限额领料单

仓库：

领料单位：　　　　　　　　　　　　　　　　　　　　　　　　　　计划产量：

用　　途：　　　　　　　　　　　　　　　　　　　　　　　　　　单位消耗定额：

<table>
<tr><td rowspan="2">类别</td><td rowspan="2">编号</td><td rowspan="2">名称</td><td rowspan="2">单位</td><td rowspan="2">单价</td><td rowspan="2">计划
产量</td><td rowspan="2">单位消
耗定额</td><td rowspan="2">领用
限额</td><td colspan="2">全月实领</td></tr>
<tr><td>数量</td><td>金额</td></tr>
<tr><td>原料</td><td>Y001</td><td>麻料</td><td>匹</td><td>300.00</td><td>100</td><td>1</td><td>100</td><td>80</td><td>2 400.00</td></tr>
<tr><td rowspan="2">日期</td><td colspan="3">请领</td><td colspan="4">实领</td><td colspan="2" rowspan="2">限额结余数量</td></tr>
<tr><td>数量</td><td>领料部
门主管</td><td>领料人</td><td>数量</td><td colspan="2">发料人</td><td>仓库主管</td></tr>
<tr><td>3</td><td>30</td><td>孙晓</td><td>李明</td><td>30</td><td colspan="2">赵丽</td><td>王强</td><td colspan="2">70</td></tr>
<tr><td>15</td><td>20</td><td>孙晓</td><td>李明</td><td>20</td><td colspan="2">赵丽</td><td>王强</td><td colspan="2">50</td></tr>
<tr><td>25</td><td>30</td><td>孙晓</td><td>李明</td><td>30</td><td colspan="2">赵丽</td><td>王强</td><td colspan="2">20</td></tr>
</table>

仓库负责人：徐东　　　　　　　　　　　　　　　　　　　　　生产计划部门负责人：王一

此外，为了简化核算工作，还可以根据同类经济业务的许多原始凭证编制原始凭证汇总表，期末按其汇总数作为填制记账凭证的依据，称为汇总原始凭证。例如，月末根据月份内所有领料单汇总编制的领料单汇总表，就是汇总原始凭证。见表 2－3。汇总原始凭证可以简化编制记账凭证的手续，但它本身不具备法律效力。

外来原始凭证，是指在经济业务发生时，从其他单位或个人取得的凭证。例如，供货单位开来的发货票，运输部门开来的运费收据，银行开来的收款或支款通知等都属于外来原始凭证。外来原始凭证一般都是一次凭证。

表 2-3 领料单汇总表

2013 年 11 月 30 日

日期	领料单张数	贷方科目	借方科目	
		原材料	生产成本	制造费用
1—10	12	1 200.00		1 200.00
11—20	20	2 000.00	2 000.00	
20—31	25	2 500.00	2 000.00	500.00
合计	57	57 000.00	4 000.00	1 700.00

财务主管：张伟　　记账：李莉　　制表人：王丽

2. 原始凭证的填制规范

原始凭证既是具有法律效力的书面证明，又是进行会计处理的基础。为此，填制原始凭证时必须严格遵守以下要求：

(1)真实可靠。

要求如实填列经济业务的内容和数字，不得弄虚作假，不得涂改和挖补。随意涂改原始凭证即为无效凭证，不能作为填制记账凭证和登记账簿的依据。

(2)手续完备。

原始凭证的填制手续，必须符合内部牵制原则的要求。凡是填有大写和小写金额的原始凭证，大写与小写金额必须相符；购买实物的原始凭证，必须有实物的验收证明；支付款项的原始凭证，必须有收款方的收款证明。一式几联的凭证，必须用双面复写纸套写，单页凭证必须用钢笔填写；销货退回时，除填制退货发票外，必须取得对方的收款收据或开户行的汇款凭证，不得以退货发票代替收据；各种借出款项的收据，必须附在记账凭证上，收回借款时，应另开收据或退回收据副本，不得退回原借款收据。经有关部门批准办理的某些特殊业务，应将批准文件作为原始凭证的附件或在凭证上注明批准机关名称、日期和文件字号。

(3)内容完整。

应该填写的各项内容，都要填写齐全，不得遗漏。需注意的是年、月、日要按照填制原始凭证的实际日期填写；名称要写全，不能简化；品名或用途要填写明确，不能含糊不清；有关经办业务人员的签章必须齐全。

(4)填制及时。

每当一项经济业务发生或完成，都要立即填制原始凭证，做到不积压、不误时、不事后补制。

(5)书写规范。

原始凭证的上的数字、文字填写必须清晰、正确、易于辨认，不得使用未经国务院公布的简化汉字。大小写金额要符合规定，金额前要写明货币符号，如人民币用“￥”表示，港币用“HK＄”表示，美元用“US＄”表示等。金额数写到角、分为止，无角、分的用“0”表示。大写金额后无角、分的在“元”字后用“整”字结尾。原始凭证如填错，不得随意涂改、括擦、挖补，应按规定方法更正。但对涉及货币资金收付的原始凭证，如有填错，则必须将其作废重填，并将错误的凭证加盖“作废”戳记。

3.原始凭证的填制实例

以下通过几种常用的原始凭证说明填制方法。

(1)领料单。领料单要“一料一单”地填制,即一种原材料填写一张单据,一般一式四联。第一联为存根联,留领料部门备查;第二联为记账联,留会计部门作为出库材料核算依据;第三联为保管联,留仓库作为登记材料明细账依据;第四联为业务联,留供应部门作为物质供应统计依据。领料单由车间经办人员填制,车间负责人、领料人、仓库管理员和发料人均需在领料单上签字,无签章或签章不全的均无效,不能作为记账的依据。见表2-4。

表2-4 领料单

领料部门:一车间

用途:生产用 *2013* 年 *5* 月 *10* 日 凭证编号:023

材料编号	材料名称及规格	计量单位	数量		价格	
			请领	实发	单价	金额
65214	A材料	千克	*36*	*36*	*20.60*	*741.60*
备注:					合计	

第二联 记账联

记账: 审批人: 领料人: 发料人:

(2)限额领料单。此单由生产、计划部门根据下达的生产任务和材料消耗定额,按每种材料用途分别开出,一单一料。填制实例见表2-2。

(3)领料单汇总表。此表是根据领料单按部门、材料类别编制而成的。填制实例见表2-3。

(4)工资费用分配表。此表根据工资单等人工费用记录编制。填制实例见表2-5。

表2-5 工资费用分配表

年 月 日 单位:元

车间、部门		应分配金额
车间生产人员工资	甲产品	*85 624.00*
	乙产品	*90 256.00*
车间管理人员		*20 000.00*
厂部管理人员		*32 000.00*
专设销售机构人员		*9 600.00*
在建工程人员		*5 200.00*
合 计		*242 680.00*

制表人: 审核人:

(三)原始凭证的审核

《会计法》规定,会计机构、会计人员必须审核原始凭证,这是法定职责。审核原始凭证时,应当按照原始凭证的要求进行审核，即审核原始凭证的填制是否及时，内容是否真实完整，书写是否清楚规范，项目是否填写齐全，经济内容填制是否正确、完整、清晰，数字填写是否规范，计算是否准确，大小写金额是否一致等，有无涂改、刮擦、挖补等伪造凭证的情况。从外单位取得的原始凭证，必须盖有填制单位的发票专用章或财务专用章；从个人处取得的原始凭证，必须有填制人员的签名或盖章；自制原始凭证必须有经办部门负责人或指定人员的签名或盖章。

会计机构、会计人员对不真实、不合法的原始凭证有权不予受理；对记载不准确、不完整的原始凭证应予退回；对违反制度和法令的一切收支，有权拒绝付款、拒绝报销或拒绝执行；对伪造凭证、涂改凭证和虚报冒领等不法行为，应扣留原始凭证，并向领导报告请求严肃处理。

三、实训内容

(1)12 月 1 日，向明珠玻璃制品厂购入一批玻璃工艺品，开出转账支票 234 000 元，用于支付货款 200 000 元，增值税 34 000 元。货已验收入库。

(2)12 月 5 日，售给东方贸易公司一批商品，货款 200 000 元，增值税 34 000 元。

(3)12 月 5 日，采购员王军借出差旅费 2 000 元，给予现金支票一张。

(4)12 月 10 日，开出转账支票支付购买轿车款项，价税合计 351 000 元。轿车已验收合格，开始使用。

(5)12 月 18 日，采购员王军出差归来，经批准报销差旅费 1 850 元，余款退回。

(6)12 月 31 日，计提本月固定资产折旧 268 500 元，其中：营业用固定资产折旧费为 184 900元，管理用固定资产折旧费为 83 600 元。

(7)12 月 31 日，摊销本年度无形资产 150 000 元。

(8)12 月 31 日，摊销本月电视广告费 1 700 元和报纸杂志费 300 元。

(9)12 月 31 日，分配结转本月工资费用，其中：营业部门 60 000 元，管理部门 45 000 元。

(10)12 月 31 日，结转本月销售商品的实际成本：5 日销售给东方贸易公司商品一批，成本 160 000 元；11 日赊销给大华公司商品一批，成本 100 000 元；16 日销售给福禄商行商品一批，成本 160 000 元；20 日收到大明商场退货，成本 50 000 元；28 日销售给安虹贸易公司商品一批，成本 2 400 000 元。

四、实训要求

(1)根据以上业务内容填制转账支票、入库单、增值税专用发票、出库单、现金支票、借据、固定资产验收单、差旅费报销单等原始凭证。(空白原始凭证见附录 2)

(2)全面审核原始凭证，包括原始凭证的真实性、合法性和合理性。

(3)熟悉各类原始凭证应填制的内容、填制的规定，以审核原始凭证手续是否完备、合规。

(4)指出审核过程中发现的问题，审核填制的原始凭证。

(5)见附录二。

第三章　记账凭证的填制与审核

➢一、实训目的

记账凭证是会计人员根据审核无误的原始凭证，按照经济业务的内容进行归类，并据以确定会计分录后填制的会计凭证。记账凭证是登记账簿的直接依据。记账凭证的编制对于财务信息的质量起着至关重要的作用。

通过记账凭证填制与审核的练习我们将带大家一起掌握根据原始凭证编制记账凭证的编制方法，提高操作者对经济业务的会计处理能力。通过审核记账凭证，掌握审核记账凭证的要求和方法，加深对记账凭证正确性和合规性的理解。

➢二、实训原理

(一)概述

记账凭证是根据复式记账的基本原理，将纷繁复杂的原始凭证反映的经济内容加以归类整理，确定了应借、应贷的会计科目和金额后，将原始凭证中反映的经济信息转化为会计语言的过程，是会计的初始确认阶段。

记账凭证按照其用途不同，可以分为专用记账凭证和通用记账凭证两类。

专用记账凭证，是指分类反映某一类经济业务的记账凭证。这种记账凭证又可以根据其反映的经济业务内容的不同，分为收款凭证、付款凭证和转账凭证。收款凭证和付款凭证是用来记录现金和银行存款收入、付出业务的会计凭证。收、付款凭证根据有关现金和银行存款收、付业务的原始凭证填制，是登记现金日记账、银行存款日记账及相关明细账和总账等的依据，也是出纳人员收讫、支付款项的依据。转账凭证是用来记录转账业务的记账凭证，即用于记录不涉及现金和银行存款业务的会计凭证。转账凭证是根据有关转账业务的原始凭证编制的，它是登记有关明细分类账和总分类账的依据。

通用记账凭证，是指用来反映所有经济业务的记账凭证。

(二)记账凭证的基本内容

记账凭证虽然种类不一、编制依据各异，但各种记账凭证的主要作用都在于对原始凭证进行归类整理，运用账户和复式记账方法，编制会计分录，为登记账簿提供直接依据。因此，所有记账凭证都应满足记账的要求，都必须具备下列基本内容：

(1)记账凭证的名称；

(2)填制记账凭证的日期；

(3)记账凭证的编号；

(4)经济业务的内容摘要;

(5)经济业务所涉及的应借、应贷的会计科目和金额;

(6)所附原始凭证的张数;

(7)填制人员、稽核人员、记账人员、会计机构负责人(或会计主管)的签名或盖章。

(三)记账凭证的填制

1. 记账凭证必须根据审核无误的原始凭证或汇总原始凭证填制

记账凭证可以根据每一张原始凭证填制,或者根据若干张同类原始凭证汇总填制,还可以根据原始凭证汇总表填制,但是不能把不同内容和类别的原始凭证填制在一张记账凭证上。

2. 记账凭证的日期应规范、准确

记账凭证的日期应以财会部门受理会计事项、填制记账凭证当天的日期为准,年、月、日应填写完整。现金、银行存款的收、付款凭证应按实际收付日期填写;转账凭证一般是按照收到原始凭证的日期填写,如员工报销差旅费的记账凭证,应填写报销当日的日期;按照权责发生制原则计算收益、分配费用、结转成本以及利润等调整分录和结账分录的记账凭证,虽然可能需要到下月才能编制,但仍应填写当月末的日期,以便在当月的账内进行登记。

3. 记账凭证应连续编号

填制记账凭证时,必须对记账凭证进行连续编号,不得漏号、重号、错号,这样有利于分清会计事项处理的先后顺序,便于记账凭证与会计账簿之间的核对,确保记账凭证的完整。

记账凭证必须按月编号,每月编号一次,即从每月第 1 号编起,按顺序编至月末。

采用通用记账凭证的,应按经济业务发生的日期顺序统一编号,以每月第一笔经济业务填制第 1 号凭证开始,至本月最后一笔经济业务填制第×号凭证为止。

采用专用记账凭证(收款凭证、付款凭证和转账凭证)的,可以分类进行编号。即按凭证类别进行编号,收字第 1 号,付字第 1 号,转字第 1 号;或者按现金收入、现金支出、银行存款收入、银行存款支出和转账五类进行编号,现收第 1 号,现付第 1 号,银收第 1 号,银付第 1 号,转字第 1 号;也可以采用按总字顺序编号和按类别顺序编号相结合的方法,如某收款凭证为"总字第×号,收字第×号"。

若一笔经济业务需要填制两张或两张以上记账凭证时,可采用分数编号法,如第 6 号凭证涉及的业务需要编制三张记账凭证,这三张记账凭证可分别编号为第 61/3,62/3,63/3 号,其中 6 表示业务顺序号,分母 3 表示该业务顺序号共有三张凭证,分子 1、2、3 分别表示三张凭证中的第 1、2、3 张。

4. 记账凭证摘要内容要简明、规范

记账凭证的摘要一方面是对经济业务的简要说明,另一方面也是登记账簿的重要依据。因此,记账凭证摘要栏的填写,一要真实准确,即摘要的内容应以经济业务的内容和所附的原始凭证的内容相符;二是要简明、扼要地表述经济业务的主要内容,使阅读的人通过摘要就能了解该项经济业务的性质、特征,从而判断会计分录正确与否。

5. 科目运用准确

填制记账凭证时,必须根据经济业务的内容使用会计准则统一规定的会计科目编制会计分录,不得改变会计科目的核算内容,不得简化或改变会计科目的名称,不得只写科目编号,不

写科目名称，这样处理的目的在于保证会计核算口径的一致。

填制记账凭证时，应填明一级科目名称，设有二级科目或明细科目的，也应填写清楚。一行只能填写一个会计科目，借方或贷方金额应与对应的科目在同一行。使用会计科目图章的，应与横格底线平行盖正。

6. 金额填写规范

记账凭证的金额数字填写必须准确无误，并且符合数字书写规范，角分位不留空白。合计金额的第一位数字前要注明人民币符号“￥”。记账凭证填制完经济业务事项后，如仍有空行，应当在金额栏自最后一笔金额数字下的空行处至合计数上的空行处划斜线注销。

7. 记账凭证附件完整

记账凭证所附的原始凭证必须完整，同时应注明所附的原始凭证张数，以便核对摘要及所编的会计分录是否准确无误。所附原始凭证张数的计算，一般以原始凭证的自然张数为准。与经济业务有关的每一张证据，都应作为记账凭证的附件。如果几张记账凭证都是根据同一张原始凭证编制的，可以将原始凭证附在一张主要的记账凭证后面，并在未附原始凭证的记账凭证上注明“附件×张，见第×号记账凭证”。需要另外单独保管的原始凭证，应在记账凭证的附件栏中加以说明。

8. 专用记账凭证的填制

在采用收款凭证、付款凭证和转账凭证的情况下，凡涉及货币资金的收款业务，均应填制收款凭证，凡涉及货币资金的付款业务，均应编制付款凭证，不涉及货币资金的业务，均应编制转账凭证。需要特别注意的是，对于涉及现金和银行存款之间的划转业务，一般只填制付款凭证，不再填制收款凭证。比如将现金存入银行，只填制一张现金付款凭证，而不填制银行存款收款凭证；同理，对于从银行提取现金的经济业务，也只填制一张银行存款付款凭证，而不再填制现金收款凭证，这样做的目的是为了避免重复记账。

9. 相关人员必须签章

记账凭证在填制后，应当及时进行复核和检查，并且填制人员、审核人员、记账人员和会计主管都必须在记账凭证上签字或盖章，以明确经济责任。对于收、付款凭证还必须由出纳人员签名盖章，并在原始凭证上加盖“收讫”或“付讫”的戳记，以免重收重付，出现差错。

(四)记账凭证的审核

记账凭证是会计人员根据审核无误的原始凭证填制的，是登记账簿的直接依据，为了保证账簿记录的正确性，在记账前必须对所有记账凭证进行严格的审核，以保证其正确无误。记账凭证的审核主要包括以下内容：

1. 内容是否真实

审核记账凭证是否附有原始凭证，原始凭证是否齐全、内容是否合法，记账凭证所记录的经济业务与所附的原始凭证所反映的经济业务内容是否相符，记账凭证后的附件张数是否与填写的一致。

2. 项目是否齐全

审核记账凭证的总账科目和明细科目是否填列齐全，填制凭证的日期是否正确，凭证是否正确编号，有关人员是否在凭证上签字或盖章。

3.科目是否正确

审核记账凭证的应借、应贷会计科目,借贷双方的金额是否平衡。

4.金额是否正确

审核记账凭证所记录的金额与原始凭证的金额是否相符,凭证中的数量、单价、金额计算是否正确等。

5.书写是否正确

审核记账凭证中的记录是否文字工整、数字清晰,是否符合规定使用蓝黑墨水,是否按规定进行更正等。

如果在审核中发现记账凭证有错误或填写不完整、签章不齐全的,应该查明原因,责令相关人员及时更正、补充或重填。只有经过审核无误的记账凭证,才能作为登记账簿的依据。

三、实训内容

(一)企业概况

(1)企业名称:银川新华商业股份有限公司(以下简称新华公司);

(2)开户银行:工商银行银川市新城支行;

(3)银行账号:1486752;

(4)纳税人类别:一般纳税人;

(5)纳税人登记号:210204356762254;

(6)执行税率:增值税17%,所得税25%;

(7)企业法定注册地址:银川市西夏区书苑西巷58号;

(8)联系电话:(0951)2020202;

(9)企业性质:有限公司;

(10)邮政编码:750001;

(11)主营业务:商品批发和零售;

(12)资本结构:已发行2000万股,全部是流通股。面值每股1元。

(二)2013年12月份新华公司发生的经济业务

(1)12月1日,向明珠玻璃制品厂购入一批玻璃工艺品,支付货款200 000元,增值税34 000元。货已验收入库。

(2)12月3日,向工行借入3年期贷款200万元,年利率9%,用于新建商场工程。利息每年计算一次。

(3)12月5日,售给东方贸易公司一批商品,取得商业汇票一张,金额为234 000元,其中:货款200 000元,增值税34 000元。成本为160 000元。该汇票期限为3个月,年利率12%。

(4)12月5日,采购员王军借出差旅费2 000元,给予现金支票一张。

(5)12月6日,以现金200元支付总经理参加市政府举办的企业管理培训班学费。

(6)12月9日,按照股东大会决议,发放已宣布的上半年度现金股利,每10股派1元(含税)。并按照税法规定,代扣个人所得税,税率20%。已将税后的股利款电汇给深圳证券交易所。

(7)12月9日,接银行通知,诚惠公司汇来以前所欠货款280 000元已收款入账。欠款已于本年6月30日核销(坏账已核销)。

(8)12月9日,出纳员向银行购支票和各种银行凭证,用银行存款支付工本费15元。

(9)12月10日,向银川汽车贸易中心购入轿车1台自用,价税合计351 000元。

(10)12月11日,从昌隆毛纺织厂购入一批商品,价税合计1 170 000元,货已验收入库,价款已付。

(11)12月11日,赊销给大华公司一批商品,货款120 000元,增值税销项税额20 400元,成本100 000元,已交付发货票和提货单等单据。发货票上注明现金折扣的条件是:3/10,2/20,*n*/30。

(12)12月11日,汇款给沈阳五洲公司1 000 000元,还清前欠货款。

(13)12月11日,预付给万象公司货款250 000元。

(14)12月11日,收银行转来由市电信公司托收的电话费6 500元。

(15)12月12日,购印花税票3 600元。

(16)12月12日,偿还到期的短期银行借款500 000元,并支付利息5 000元。

(17)12月13日,接银行通知,三星公司已汇来货款13 600元,存入本公司账户。

(18)12月13日,偿还白云公司货款700 000元。

(19)12月13日,从银行提取现金105 000元,准备用于发放本月工资。

(20)12月15日,以现金105 000元发放本月工资。

(21)12月16日,售给广州福禄商行一批商品,总计价款214 100元,其中:货款180 000,增值税销项税额30 600元,代垫运费3 500元。已办理托收承付手续。商品成本为160 000元。

(22)12月18日,向三环化工厂购入一批商品,价税合计468 000元。已付讫,货已验收入库。

(23)12月18日,采购员王军报销差旅费1 850元,交回现金150元。

(24)12月19日,按总经理指示,拨给总务科现金5 000元,作为定额备用金。

(25)12月9日,报销总经理招待客户的餐费18 600元。

(26)12月10日,收到大明商场一批退货。该批商品是于11月15日销售的。商品总价为70 000元,增值税销项税额11 900元,现金折扣条件为:3/10,2/20,…,*n*/30;成本为50 000元。大明商店已于上月30日付清全部货款。但经进一步检验后,发现规格不合乎要求,无法使用,要求退货。经公司领导研究后同意退货,并退还全部货款。

(27)12月11日,赊销给大明商场一批商品,商品总价为300 000元,增值税销项税额51 000元,现金折扣条件为:3/10,2/20,*n*/30。成本为250 000元。

(28)12月12日,售给安虹贸易公司一批商品,价税合计4 095 000元。货款已收讫,存入银行。成本为2 400 000元。

(29)12月13日,大华公司交来所欠货款136 800元。

(30)12月17日,公司拟出售一幢闲置的房屋,其原价480万元,累计折旧80万元。今支付50 000元进行整修。

(31)12月24日,经年末盘点库存商品,发现盘亏250 000元,尚待查明原因。

(32)12月28日,接银行通知,已从本公司账户中扣除今年初所借的长期贷款(本金为480

万元)的本年度利息。该贷款年利率9%,用于新建商场工程。

(33)12月31日,经查清,上述存货盘亏属于自然损耗。经董事会批准,予以核销处理。

(34)12月31日,计提本月固定资产折旧268 500元,其中:营业用固定资产折旧费为184 900元,管理用固定资产折旧费为83 600元。

(35)12月31日,摊销本年度无形资产150 000元。

(36)12月31日,分配结转本月工资费用,其中:营业部门60 000元,管理部门45 000元。

(37)12月31日,结转本月销售商品的实际成本。本公司对库存商品采用实际成本核算,对发出商品采用个别计价法核算。

(38)12月31日,计算本月应交的城建税及教育费附加。

(39)12月31日,结转本月收入类账户余额。

(40)12月31日,结转本月费用类账户余额。

(41)12月31日,计算和结转本年应交所得税。

(42)12月31日,结转本年净利润。

(43)12月31日,提取盈余公积,其中:法定盈余公积按10%提取;任意盈余公积按5%提取。

(44)12月31日,按照董事会决定的股利分配预案,拟按10股分派0.40元的比例进行股利分配。

四、实训要求

(1)根据新华商业股份有限公司2013年12月份发生的业务填制有关记账凭证并进行分类编号(本实训要求全部使用通用记账凭证);

(2)根据记账凭证,每10天的业务编一张科目汇总表,进行试算平衡;

(3)对各项经济业务的记账凭证进行审核;

(4)见附录三。

第四章 会计账簿的设置与登记

➢一、实训目的

账簿能够为企业提供总括、详细的经营业务核算资料；对经营业务提供分类、序时的反映，进而反映经济活动的轨迹，这对于企业加强经济核算、提高管理水平、探索资金运动的规律具有重要作用。同时，账簿的记录也是编制会计报表的主要依据。

通过会计账簿的设置与登记练习，我们将带大家一起熟悉日记账的种类、格式和基本内容，掌握现金日记账和银行存款日记账的登记方法；熟悉明细账的格式、基本内容并掌握明细账（三栏式、多栏式、数量金额式）的登记方法；明确总账的登记依据和登记方式，掌握总账（三栏式）的登记方法。

➢二、实训原理

（一）概述

在会计核算工作中，每项经济业务发生以后，首先要取得或填制会计凭证，并加以审核确认，然后根据它将经济业务在有关账户中进行登记。而账户则是按照规定的会计科目在账簿中分别设立的，根据会计凭证把经济业务记入有关的账户，就是把经济业务记入设立在会计账簿中的账户。会计账簿是以会计凭证为依据，序时、全面、连续、系统地记录和反映特定经济主体的经济活动全部过程的簿籍。这种簿籍是由若干具有专门格式又相互联系的账页组成的。账页一旦标明会计科目，这个账页就成为用来记录该科目所核算内容的账户。也就是说，账页是账户的载体，账簿则是若干账页的集合。根据会计凭证在有关账户中进行登记，就是把会计凭证所反映的经济业务内容记入设立在账簿中的账户，即通常所说的登记账簿，也称记账。

（二）账簿的作用和种类

1.账簿的作用

设置账簿是会计工作的一个重要环节，登记账簿则是会计核算的一种专门方法，科学地设置账簿和正确地登记账簿对于全面完成会计核算工作具有重要意义：

（1）会计账簿是对凭证资料的汇总；

（2）会计账簿是考核企业经营情况的重要依据；

（3）会计账簿是会计报表资料的主要来源。

2.账簿的种类

一个单位的经济业务多种多样，对不同业务的管理要求也不一样，因而需要有各自适用的账页进行记录反映，并按类加以登记，这样就需要设置不同类型的账簿。实际工作中，账簿的分类依据不同，其种类也各不相同。

(1)按照账簿的用途分类。

账簿按照用途的不同可以分为序时账簿、分类账簿和备查账簿三类。

①序时账簿，也称日记账，是按照经济业务发生的时间先后顺序，逐日、逐笔登记经济业务的账簿。日记账又可分为普通日记账和特种日记账。普通日记账是将企业每天发生的所有经济业务，不论其性质如何，按其先后顺序记入账簿；特种日记账是按经济业务性质单独设置的账簿，它只把特定项目按经济业务的顺序记入账簿，反映其详细情况，这种账簿常用于登记现金和银行存款的增减变化及结存情况的现金日记账和银行存款日记账。

②分类账簿，是对全部经济业务进行分类登记的账簿。按其提供核算资料的详细程度不同，可以分为总分类账簿和明细分类账簿。总分类账簿也称总分类账，简称总账，是根据总分类科目设置的账户，用来分类登记全部经济业务，提供各种资产、负债、所有者权益，以及收入、费用和利润等总括核算资料的分类账簿。明细分类账簿也称为明细分类账，是根据需要按某个总账科目所属二级或三级明细科目开设账户，借以提供某项明细核算资料的分类账簿。明细分类账是对总分类账记录内容的补充和具体化。

③备查账簿，又称辅助账簿，是对某些在日记账和分类账等主要账簿中未能记载的会计事项或记载不全的经济业务进行补充登记的账簿。所以，备查账簿也叫补充登记簿。它可以对某些经济业务的内容提供必要的参考资料。备查账簿的设置应视实际需要而定，并非一定要设置，而且没有固定的格式。

(2)按照账簿的外表形式分类。

纸质账簿按照其外表形式的不同可以分为订本式账簿、活页式账簿和卡片式账簿三类。

①订本式账簿，简称订本账，是指在启用之前就把一定数量具有相同格式的账页装订在一起的账簿，它可以防止账页的散失或被有意地抽换，因而在每张账页上都印有按顺序编排的号码页次，登记时必须按照号码顺序逐页登记。

②活页式账簿，简称活页账，是指把具有相同格式的用于记录同类经济业务的账页放置在同一个活页账夹内，以便使用时可以根据需要随时抽放账页的账簿。这种账簿的好处是便于分工记账，不会产生账页不够的麻烦以及因账页太多而浪费的情况。缺点是容易散失，也容易被有意识地抽换，所以应在一段时间(一般为一个会计年度)结束时，整理并装订成册。一般明细账都采用活页账。

③卡片式账簿，简称卡片账，是指由一定数量的具有专门格式的卡片所组成的账簿，通常用于固定资产、低值易耗品的明细登记。这种账簿的特点是可以跨年度长期使用而无须更换，但容易散失。卡片账实际是一种活页账，通常用硬卡片作为账页，存放在专门的卡片箱内，并由有关人员妥善保管，以便核查。

(3)按照账页格式分类。

按账页格式的不同，账簿可以分为三栏式、多栏式和数量金额式三种。

①三栏式账簿，是设有借方、贷方和余额三个基本栏目的账簿。各种日记账、总分类账以及资本、债权、债务明细账都可采用三栏式账簿。三栏式账簿又分为设对方科目和不设对方科目两种。区别是在摘要栏和借方科目之间是否有一栏“对方科目”。设有“对方科目”栏的，称为设对方的科目的三栏式账簿；不设有“对方科目”栏的，称为不设对科目的三栏式账簿。

②多栏式账簿，是在账簿的两个基本栏目借方和贷方按需要分设若干专栏的账簿。收入、成本、费用、利润和利润分配明细账一般均采用这种格式的账簿。

③数量金额式账簿，是在借方、贷方和余额三个栏目内，都分设数量、单价和金额三小栏，借以反映财产物资的实物数量和价值量。如原材料、库存商品、产成品等存货明细账一般都采用数量金额式账簿。

(三)会计账簿的设置与登记

1.账簿的设置要求

每一个会计主体需要设置那些账簿，应当根据经济业务的特点和管理上的需要来确定，设置账簿应当符合以下要求：

(1)账簿的设置要能保证系统、全面地反映和监督经济活动的情况，满足经济管理的需要，为经济管理提供总括的核算资料和明细的核算资料。

(2)账簿的设置要能保证组织严密，各账簿之间既要有明确的分工，又要有密切的联系，考虑人力和物力的节约，力求避免重复或遗漏。

(3)账簿的格式应简便适用，便于登记、查找、更正错误和保管。

2.账簿的基本要求

虽然账簿的格式多种多样，不同账簿格式所包括的具体内容也不尽相同，但是无论哪种账簿，它的基本构成都一样，都应具备封面、扉页和账页三大部分。

(1)封面，账簿的封面主要标明账簿的名称。

(2)扉页，账簿的扉页主要包括“账簿启用及交接表”和“账簿目录”两部分。其中，账簿启用及交接表需要填明启用的日期和截止的日期，以及页数、册次、经管账簿人员一览表和签章，会计主管签章。

(3)账页，它是构成账簿的主要内容，包括：账户名称(或一级科目、二级科目等)、日期栏、凭证种类和号数栏、摘要栏、金额栏(借、贷方金额及余额)、总页数和分页数这六大项内容。

3.账簿的登记规则

登记账簿必须按以下要求进行：

(1)账簿必须根据审核无误的原始凭证连续、系统地登记，不能错记、漏记和重记，并将会计凭证的序号记入账簿，在记账时必须使用会计科目、字目、细目的全称，不得简化。

(2)登记账簿时必须使用钢笔，用蓝黑或黑墨水登记，不能使用圆珠笔和铅笔，红墨水只能在结账划线、改错和冲账时使用，以防篡改。

(3)各种账簿必须按照事先编定的页码连续登记，不能隔页、跳行，如果不慎发生类似情况，应在空页或空行处用红墨水画对角叉线，并注明此页或此行空白，而且要加盖印鉴，不得随意撕毁或抽换账页。

(4)登账时或登账后如果发现差错，应根据错误的具体情况，按照更正错账的方法进行更正，不得刮擦、挖补、涂改和用褪色药水更改字迹，应保持账簿和字迹清晰、整洁。

(5)摘要栏的文字应简明扼要，并采用标准的简化汉字，不能使用不规范的汉字；金额栏的数字应采用阿拉伯数字，并且对齐位数，注意“0”不能省略和连写；数字和文字一般应书写在行距下方的二分之一处，为更正错误留有余地。

(6)每登满一页账页，应该在该页的最后一行加计本页的发生额及余额，在摘要栏中注明

“过此页”，并在下一页的首行登记入上页的发生额和余额，在摘要栏内注明“承前页”，以便对账和结账。

三、实训内容

1.2013 年 11 月 30 日新华公司结账后总账科目余额资料

借方		贷方	
现金	7 700	短期借款	500 000
银行存款	3 600 000	应付账款	1 700 000
应收股利	150 000	应付福利费	403 300
应收账款	7 013 600	应付股利	2 000 000
坏账准备	－47 500	长期借款	4 800 000
低值易耗品	94 160	股本	20 000 000
原材料	1 580 000	资本公积	46 740 000
库存商品	4 592 000	盈余公积	768 500
委托代销商品	60 000	利润分配	2 164 200
待摊费用	2 000		
长期股权投资	3 005 000		
长期债权投资	92 640		
固定资产	54 020 000		
累计折旧	－1 593 600		
在建工程	5 000 000		
无形资产	1 500 000		
合计	79 076 000	合计	79 076 000

2.2013 年 11 月 30 日新华公司结账后有关明细科目余额资料

应收股利——渤海公司	150 000
应收账款——四方商场	3 000 000
——应收销项税额——三星公司	13 600
——其他	4 000 000
委托代销商品——三星公司	60 000
待摊费用——电视广告费	1 700
——报纸杂志费	300
长期股权投资——投资成本(渤海公司)	2 700 000
——损益调整(渤海公司)	305 000
长期债权投资——面值(安华公司)	100 000

续表

——溢折价(安华公司)	-7 360
在建工程——商场	5 000 000
无形资产——土地使用权	1 500 000
短期借款——工行	500 000
应付账款——五洲公司	1 000 000
——白云公司	700 000
长期借款——工行	4 800 000
资本公积——股本溢价	46 740 000
利润分配——未分配利润	2 164 200

3. **根据新华公司12月份的经济业务编制的记账凭证(记账凭证编制与审核实训)**

四、实训要求

(1)根据上述资料为新华公司2013年12月建立有关总账、明细账和日记账,并登记月初余额。

(2)根据记账凭证登记新华公司2013年12月的现金日记账、银行存款日记账以及所有明细账。

(3)编制科目汇总表,根据科目汇总表以及明细账登记总账。

(4)对总账进行试算平衡。

(5)对总账账户的本期发生额及期末余额与日记账及相应明细账的本期发生额及期末余额进行核对。

(6)见附录四。

第五章　银行存款余额调节表编制

一、实训目的

在银行与企业之间，由于凭证传递时间不同，而导致双方记账时间不一致，从而产生了未达账项。通过练习我们将带大家一起掌握银行存款日记账与银行对账单的核对以及银行存款余额调节表的编制方法。

二、实训原理

为了保证账簿记录的正确性，企业必须对财产物资进行定期或不定期的清点和审查工作即财产清查，财产清查是会计核算的专门方法之一，它是根据账簿记录，对企业的财产物资进行盘点或核对，查明各项财产的实存数与账面结存数是否相符，为定期编制会计报表提供准确、完整、系统的核算信息。银行存款作为企业重要的财产物资，需要每月进行清查，通常采用银行存款日记账与开户银行提供的"对账单"相核对的方法。核对前，首先把清查日止所有银行存款的收、付业务登记入账，对发生的错账、漏账应及时查清更正。然后再与银行的"对账单"逐笔核对，若两者余额相符，一般说明无错误，若发现两者不符，则可能存在着未达账项。

未达账项概括起来有以下四种：①单位已经收款入账，而银行未作收款入账的事项；②单位已经付款入账，而银行未作付款入账的事项；③银行已经收款入账，而单位未作收款入账的事项；④银行已经付款入账，而单位未作付款入账的款项。

上述任何一种未达账项存在，都会使单位银行存款日记账余额与银行对账单的余额不相符。在与银行对账时，应首先查明有无未达账项，如果存在未达账项，可以编制"银行存款余额调节表"予以调整。"银行存款余额调节表"是以双方账面余额为基础，各自加上对方已收、本方未收的款项，减去对方已付、本方未付的款项编制而成。

三、实训内容

A 公司 2013 年 9 月 30 日银行存款日记账余额为 108 800 元，而银行对账单上的存款余额为 108 300 元，经查对账目，发现下列未达账项：

(1)银行已于 9 月 29 日代该公司支付电费 1 800 元，尚未通知该公司。

(2)该公司在 9 月 30 日收到外单位为偿还欠款交来的转账支票一张，票面金额为 4 200 元，已送存银行，但银行尚未入账。

(3)该公司于 9 月 30 日签发转账支票一张购买材料，金额为 4 000 元，持票人未到银行办理转账结算。

(4)该公司本季度存款利息计 2 500 元,银行结算后已入账,但该公司尚未收到存款结息通知。

四、实训要求

根据上述资料编制银行存款余额调节表,见附录五。

第六章　错账更正

一、实训目的

通过查找记账错误和更正错账的实验，掌握差错与更正错误的方法。

二、实训原理

(一)错账查找方法

查找记账错误一般有两种方法，即全面查找和个别查找。

全面查找包括正查法和逆查法。正查法是对发现即错账月份的所有经济业务，按其发生的先后顺序逐笔进行查找。逆查法与正查法的查找顺序正好相反。

个别查找的方法一般有差额法、除 2 法、除 9 法等专门方法。①差额法，根据错账差额找漏记、重记账目的方法；②除 2 法，是将正确与错误金额之间的差额数字除以二，按商数来查找差错的方法，它适用于查找记反账的错误；③除 9 法，用正确与错误之差除以 9 后得出的商数来判明、查找错误的一种方法，它是用来查找数字错位和邻数倒置所引起的错账。

(二)错账更正方法

1. 划线更正法

划线更正法是先将错误数字或文字全部画一条红线予以注销，并使原来的字迹仍然清晰可见，然后在红线上方空白处，用蓝黑色墨水笔作出正确的记录，并由记账人员在更正处盖章，划线更正法适用于结账前或结账时发现账簿记录中文字或金额有错误，而记账凭证没有错误。

2. 红字更正法

红字更正法是用红字冲销原有错误记录，从而更正账簿记录的一种方法。红字更正法一般适用于下列两种情况。

第一种情况：记账后，在当年内发现记账凭证中应借、应贷的会计科目或记账方向有错误，从而引起账簿记录错误，可采用红字更正法更正。更正的方法是：先用红字填写一张与原错误记账凭证内容完全相同的记账凭证，以示冲销原错误记账凭证，然后用蓝字重新填制一张正确的记账凭证，据以登记入账。

第二种情况：记账后，发现记账凭证所填写的会计科目、记账方向都没有错误，但记录的金额有错误，且所记金额大于应记金额，从而引起账簿记录错误，应采用红字更正法更正。更正的方法是：将多记的金额用红字编制一张与原记账凭证应借、应贷科目完全相同的记账凭证，以冲销多记的金额，并据以登记入账。

3. 补充登记法

补充登记法又称补充更正法。用于记账后发现记账凭证中应借、应贷的方向和会计科目没有发生错误，但是记账凭证所填金额小于应记金额，而导致账簿记录错误的情况。更正的方法是：将少记的金额用蓝字填制一张记账凭证，在摘要栏中注明补记×月×日×号记账凭证少记金额，并据以登记入账。这种方法适用于记账后发现记账凭证所填的金额小于正确的金额的情况。

三、实训内容

假设新华公司 2013 年 9—11 月发生的经济业务进行查账时发现下列错账。

(1)9 月 3 日，开出转账支票 3 000 元，用于支付管理部门 8 月份电话费，查账时发现凭证与账簿均记为：

借：销售费用　　3 000

　贷：银行存款　　3 000

(2)9 月 20 日，签发一张 3 个月到期的商业承兑汇票，偿还前欠利安达公司货款 500 000 元，查账时发现科目没错，但凭证与账簿均记为 50 000 元。

(3)10 月 7 日，归还到期的长期借款 200 000 元，该借款为 2011 年 10 月借入的 2 年期借款，查账时发现凭证与账簿均记为 2 000 000 元。

四、实训要求

(1)按错账更正方法，对以上错误进行更正。

(2)查找 12 月账务处理，如有错误，按错账更正方法，进行更正。

(3)错误更正后，对更正的凭证登记总账、明细账、日记账。

(4)见附录六。

第七章　会计报表的编制

一、实训目的

编制会计报表作为会计核算的基本方法，向财务报告使用者提供真实、公允的反映企业经营结果和财务状况等财务信息。通过编制资产负债表和利润表掌握编制资产负债表和利润表的一般程序和基本方法。

二、实训原理

（一）资产负债表的编制方法

资产负债表属于静态报表，反映企业在某一特定日期财务状况的报表，一般分为表首、正表两部分。其中，表首概括地说明了报表名称、编制单位、编制日期、报表编号、货币名称、计量单位等；正表则列示了用以说明企业财务状况的各个项目，正表分为“年初数”和“年末数”两栏。

“年初数”栏内各项数字，应根据上年末资产负债表“期末数”栏内所列数字填列。如果本年度资产负债表规定的各个项目的名称和内容同上年度不相一致，应对上年年末资产负债表各项目的名称和数字按照本年度的规定进行调整，填入本表“年初数”栏内。

资产负债表“年末数”栏内各项数字，主要是根据资产类账户、负债类账户、所有者权益类账户的期末余额及其他资料填列的。具体填列方法可归纳为以下几种方式：

1.根据总账账户余额直接填列

资产负债表中大部分项目都可以根据总账账户余额直接填列，如“应收票据”“固定资产”“累计折旧”“短期借款”“应付职工薪酬”“应交税费”“实收资本”“资本公积”等项目。

2.根据若干总账账户余额计算填列

资产负债表中某些项目需要根据若干个总账账户的期末余额计算填列，如“货币资金”项目，根据“库存现金”“银行存款”“其他货币资金”账户余额的合计数填列；“存货”项目根据“原材料”“材料采购”“周转材料”“库存商品”“生产成本”等账户余额计算填列；“固定资产”项目应根据“固定资产”与“累计折旧”账户余额之差填列。

3.根据明细账户余额计算填列

资产负债表中某些项目，不能根据总账账户的期末余额直接填列或若干个总账账户余额计算填列，需要根据有关账户所属的明细账户的期末余额计算填列，如“应收账款”项目根据“应收账款”和“预收账款”总分类账户所属的各明细分类账户的借方余额合计数填列；“预付账款”项目应根据“预付账款”和“应付账款”总分类账所属的各明细账户的借方期末余额合计数填列；“应付账款”项目应根据“应付账款”和“预付账款”总分类账户所属的明细分类账户贷方期末余额合计数填列。

4. 根据总账账户和明细账账户余额分析计算填列

资产负债表中某些项目，不能根据总账账户的期末余额直接或计算填列，也不能根据有关账户所属相关明细账户的期末余额计算填列，需要根据总账账户和明细账账户余额分析计算填列，如“持有至到期投资”项目，应根据“持有至到期投资”总账账户余额扣除该账户中反映的将在一年内到期的持有至到期投资后分析计算填列，其中一年内到期的持有至到期投资金额应填列在“一年内到期的非流动资产”项目中；“长期借款”项目，应该根据“长期借款”总账账户余额扣除“长期借款”账户中反映的将于一年内到期的长期借款部分分析计算填列，其中一年内到期的长期借款部分应填列在“一年内到期的非流动负债”项目中；“应付债券”项目，应该根据“应付债券”总账账户余额扣除“应付债券”账户中反映的将于一年内到期的应付债券部分分析计算填列，其中一年内到期的应付债券部分应填列在“一年内到期的非流动负债”项目中。

此外，资产负债表中资产项目的金额大多数是根据资产类账户的借方余额填列，如果出现贷方余额，则以“－”号表示；负债类项目的金额大多数是根据负债类账户的贷方余额填列，如果出现借方余额，也以“－”号表示；“未分配利润”项目，如果不是编制年末的资产负债表，一般“本年利润”账户余额尚未结转至“利润分配”账户，这时的“未分配利润”项目应根据“本年利润”账户与“利润分配”账户的余额之差填列，如果编制年末的资产负债表，“本年利润”账户余额已结转至“利润分配”账户，这时“未分配利润”项目直接根据“利润分配”账户的余额填列，如果是未弥补亏损，以“－”号表示。

(二)利润表的编制方法

利润表的格式，设有“本期金额”和“上期金额”两栏。利润表“上期金额”栏内各项数字，应根据上年度利润表“本期金额”栏内所列数字填列。如果上年度利润表规定的各个项目的名称和内容同本年度不相一致，应对上年度利润表各项目的名称和数字按本年度的规定进行调整，填入本表“上期金额”栏内。编制月份利润表时，“本期金额”是指“本月金额”，相应的“上期金额”是指“上年同月金额”；编制季度利润表时，“本期金额”是指“本季金额”，相应的“上期金额”是指“上年同季金额”；编制年度利润表时，“本期金额”是指“本年金额”，相应的“上期金额”是指“上年金额”。利润表的“本期金额”栏内各项数字应根据本期损益类账户的本期发生额填列，具体填列方法可归纳为以下几种：

1. 直接根据账户的发生额填列

利润表中大多数项目都可以根据相关账户的发生额填列，如“营业税金及附加”“销售费用”“管理费用”“财务费用”“营业外收入”“营业外支出”“所得税费用”等。

2. 根据收入、费用账户发生额的分析计算填列

“营业收入”项目应根据“主营业务收入”贷方发生额，和“其他业务收入”贷方发生额合计填列；“营业成本”项目应根据“主营业务成本”账户的借方发生额和“其他业务成本”账户借方发生额的合计计算填列；“投资收益”应根据“投资收益”贷方发生额和借方发生额相抵后的净额填列(如为投资损失，本项目以“－”号填列)。

3.根据表内资料计算填列

营业利润＝营业收入－营业成本－营业税金及附加－销售费用－管理费用－财务费用＋投资收益(损失以“－”号计入)

利润总额＝营业利润＋营业外收入－营业外支出

净利润＝利润总额－所得税费用

三、实训内容

(1)第二章至第六章的实训资料(包括会计凭证、会计账簿、科目汇总表等)。

(2)资产负债表、利润表。

四、实训要求

根据实训资料编制新华公司2013年12月份资产负债表和利润表。见附录七。

附　　录

➢附录一

数字练习本

第一行																									
第二行																									
第三行																									
第四行																									
第五行																									
第六行																									
第七行																									
第八行																									
第九行																									
第十行																									

汉字练习本

大小写金额书写对照表

会计凭证账表的小写金额栏									原始凭证上的大写金额栏
没有数位分割线	有数位分割线								
	十	万	千	百	十	元	角	分	

➢附录二

附录 2-1-1

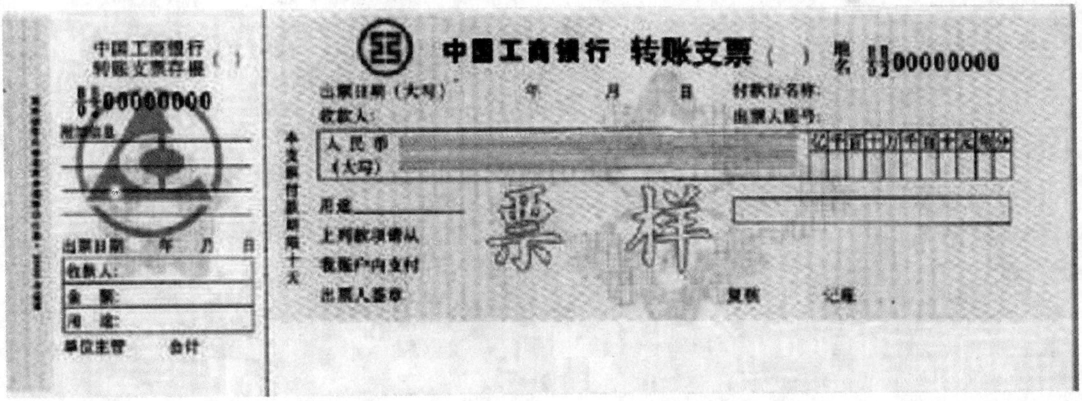

附录 2-1-2

商品入库单

年　月　日

<table>
<tr><td>供货单位</td><td colspan="2"></td><td colspan="2">附原凭　　张</td><td>发票号</td><td colspan="2"></td><td colspan="2">年　月　日</td></tr>
<tr><td rowspan="2">货号</td><td rowspan="2">名称</td><td rowspan="2">型号规格</td><td rowspan="2">单位</td><td colspan="2">数　量</td><td colspan="2">进货价</td><td colspan="2">验收损耗</td></tr>
<tr><td>发票</td><td>实收</td><td>单价</td><td>金额</td><td>数量</td><td>金额</td></tr>
<tr><td></td><td></td><td></td><td></td><td></td><td></td><td></td><td></td><td></td><td></td></tr>
<tr><td></td><td></td><td></td><td></td><td></td><td></td><td></td><td></td><td></td><td></td></tr>
<tr><td></td><td></td><td></td><td></td><td></td><td></td><td></td><td></td><td></td><td></td></tr>
<tr><td colspan="3">注明采购方式</td><td colspan="3">运杂费</td><td colspan="2"></td><td colspan="2">用　途</td></tr>
<tr><td colspan="3">自行采购</td><td colspan="3">合　计</td><td colspan="2"></td><td colspan="2"></td></tr>
</table>

仓库负责人：　　　　保管员：　　　　交货人：

附录 2-2-1

宁夏回族自治区增值税专用发票

开票日期：　　年　月　日　　　　№:0045831

<table>
<tr><td rowspan="2">购货单位</td><td>名　称</td><td colspan="3"></td><td colspan="9">纳税人登记号</td><td colspan="10"></td></tr>
<tr><td>地址、电话</td><td colspan="3"></td><td colspan="9">开户银行及账号</td><td colspan="10"></td></tr>
<tr><td colspan="2" rowspan="2">货物或应税劳务名称</td><td rowspan="2">计量单位</td><td rowspan="2">数量</td><td rowspan="2">单价</td><td colspan="9">金　额</td><td rowspan="2">税率 %</td><td colspan="9">税　额</td></tr>
<tr><td>百</td><td>十</td><td>万</td><td>千</td><td>百</td><td>十</td><td>元</td><td>角</td><td>分</td><td>百</td><td>十</td><td>万</td><td>千</td><td>百</td><td>十</td><td>元</td><td>角</td><td>分</td></tr>
<tr><td colspan="2"></td><td></td><td></td><td></td><td></td><td></td><td></td><td></td><td></td><td></td><td></td><td></td><td></td><td></td><td></td><td></td><td></td><td></td><td></td><td></td><td></td><td></td><td></td></tr>
<tr><td colspan="2"></td><td></td><td></td><td></td><td></td><td></td><td></td><td></td><td></td><td></td><td></td><td></td><td></td><td></td><td></td><td></td><td></td><td></td><td></td><td></td><td></td><td></td><td></td></tr>
<tr><td colspan="2"></td><td></td><td></td><td></td><td></td><td></td><td></td><td></td><td></td><td></td><td></td><td></td><td></td><td></td><td></td><td></td><td></td><td></td><td></td><td></td><td></td><td></td><td></td></tr>
<tr><td colspan="5">合　计</td><td></td><td></td><td></td><td></td><td></td><td></td><td></td><td></td><td></td><td></td><td></td><td></td><td></td><td></td><td></td><td></td><td></td><td></td><td></td></tr>
<tr><td colspan="2">价税合计(大写)</td><td colspan="22">仟 佰 拾 万 仟 佰 拾 元 角 分　　¥:____________</td></tr>
<tr><td rowspan="2">销货单位</td><td>名　称</td><td colspan="3"></td><td colspan="9"></td><td colspan="10"></td></tr>
<tr><td>地址、电话</td><td colspan="3"></td><td colspan="9">开户银行及账号</td><td colspan="10"></td></tr>
</table>

第四联　记账联

开票人：　　　　开票单位：银川新华商业股份有限公司财务专用章

附录 2-2-2

商品出库单

年　月　日

购货单位				提货单号		发票号		
货号	名称	型号规格	单位	数量		进货成本		提货方式
				发票	实付	单价	金额	
备　注								

三 财会

仓库负责人：　　　　保管员：　　　　提货人：

附录 2-3-1

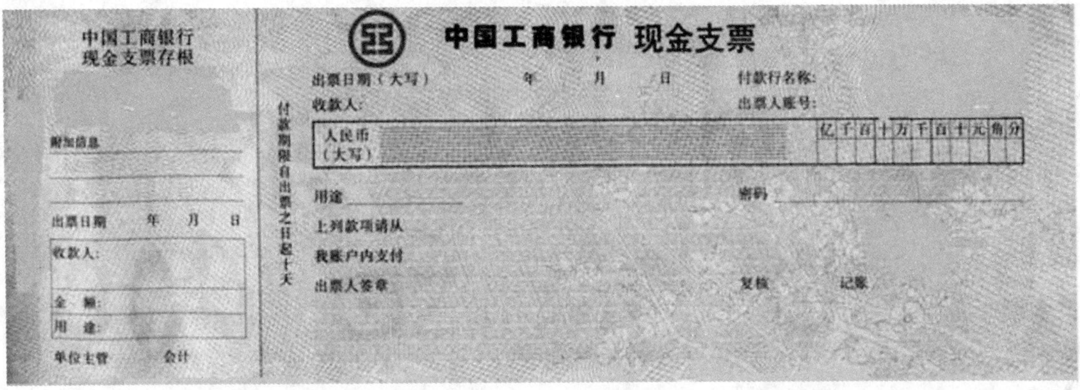
中国工商银行
现金支票存根
附加信息
出票日期　年　月　日
收款人：
金　额：
用　途：
单位主管　会计

中国工商银行　现金支票
出票日期（大写）　年　月　日　付款行名称：
收款人：　出票人账号：
付款期限自出票之日起十天

人民币（大写）	亿	千	百	十	万	千	百	十	元	角	分

用途　密码
上列款项请从
我账户内支付
出票人签章　复核　记账

附录 2－3－2

借款单

借款部门：　　　　　　　　　　年　月　日　　　　　　　　　　№:0049769

人民币(大写)：										¥：＿＿＿＿＿	
用途											
付款方式					票据号码					经理	
收款单位					开户银行					财务部门	借款部门
					账号						
报销记录	年	月	日	科目	报销金额	结欠金额	报销人	负责人		负责人	
								审核		借款人	
								记账		经办人	

附录 2－4－1

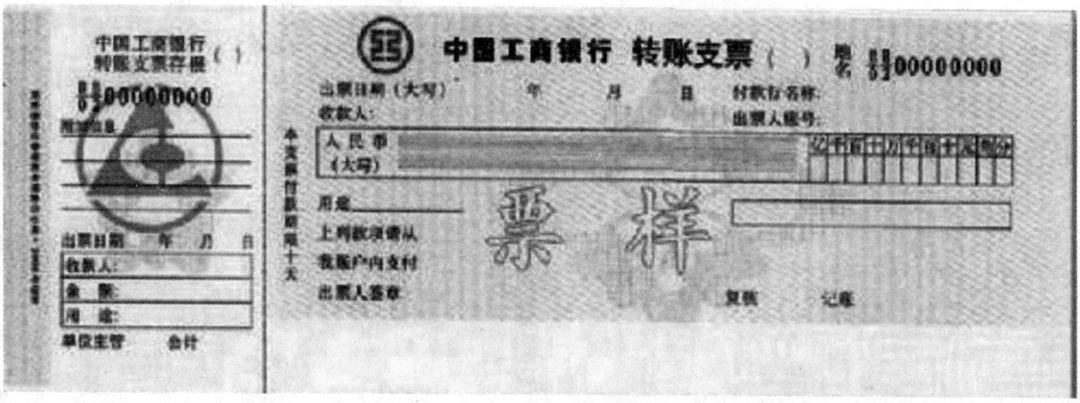

中国工商银行
转账支票存根（　）
附加信息
出票日期　年　月　日
收款人：
金额：
用途：
单位主管　会计

中国工商银行　转账支票（　）
00000000
出票日期（大写）　年　月　日　付款行名称：
收款人：　出票人账号：
人民币（大写）
亿 千 百 十 万 千 百 十 元 角 分
用途
上列款项请从
我账户内支付
出票人签章
复核　记账
本支票付款期限十天
票样

附录 2－4－2

固定资产验收单 GD2013－01

送货单位： 日期： 年 月 日

名称	品牌	规格/型号	单位	数量	单价	金额
合 计						

验收人： 行政主管/经理：

附录 2－5－1

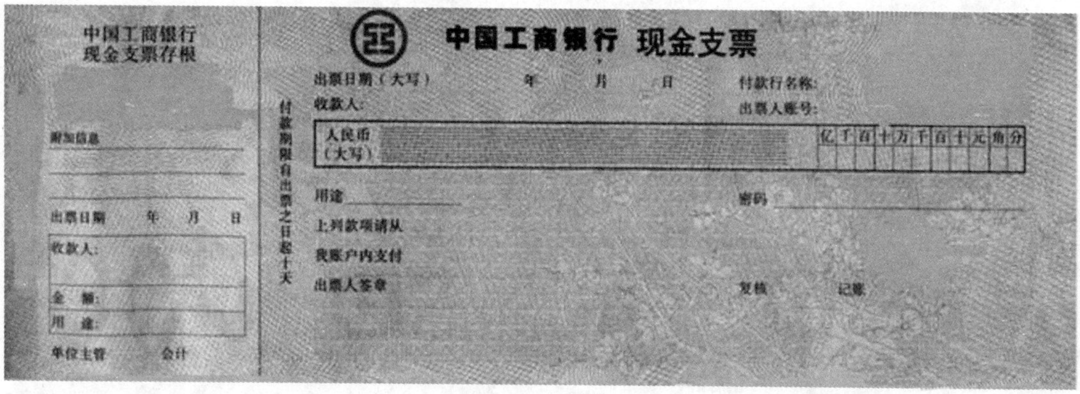
中国工商银行
现金支票存根

附加信息

出票日期 年 月 日

收款人：

金 额：

用 途：

单位主管 会计

中国工商银行 现金支票

付款期限自出票之日起十天

出票日期（大写） 年 月 日 付款行名称：

收款人： 出票人账号：

人民币（大写）	亿	千	百	十	万	千	百	十	元	角	分

用途 密码

上列款项请从

我账户内支付

出票人签章 复核 记账

附录 2－5－2

差旅费报销附表

部门：　　　　出差人：　　　　出差天数：　　　　报销日期：　　　　年　　月　　日

摘　　要	金　　额									单据张数	签收
具体费用项目	百	十	万	千	百	十	元	角	分		
机票、火车票											
来回机场火车站车费											
住宿费											
出差补贴											
误餐费											
其他											
人民币大写：											

记账：　　　　　　　　财务负责人：　　　　　　　　部门负责人：

附录 2－5－3

收　据

年　月　日　　　　　　　　№：

付款单位：	收款方式：
人民币(大写)	￥：＿＿＿＿＿＿＿＿
收款事由：	

记账：　　　　　　　　财务负责人：　　　　　　　　交款人：

附录 2-6-1

固定资产折旧计算表

年　　月

使用单位级固定资产类别	月初应计提折旧原值	月折旧率	月折旧额
合　　计			

制表：　　　　　　　　　　　　　　　　　　　　　　　　审核：

附录 2-7-1

无形资产摊销计算表

年　月　日

费用项目	本年支付额	本年应负担额
合　　计		

制表：　　　　　　　　　　　　　　　　　　　　　　　　审核：

附录 2－8－1

待摊费用摊销计算表

年　月　日

费用项目	本年支付额	本年应负担额
合　　计		

制表：　　　　　　　　　　　　　　　　审核：

附录 2－9－1

工资汇总表

年　月　日

部　　门	金　　额
合　　计	

制表：　　　　　　　　　　　　　　　　审核：

附录 2－10－1

销售商品成本计算表

年　月

发票日期	发票号码	购货单位	销售成本	发票日期	发票号码	购货单位	销售成本
小　计				总　计			

制表：　　　　　　　　　　　　　　审核：

附录三

附录 3－1－1

宁夏回族自治区增值税专用发票

开票日期：*2013* 年 *12* 月 *1* 日　　　　№：0056763

购货单位			
名　称	银川新华商业股份有限公司	纳税人登记号	210204356762254
地址、电话	书苑西巷 58 号 2020202	开户银行及账号	银川市工行新城支行 1486752

货物或应税劳务名称	计量单位	数量	单价	金额										税率%	税额									
				百	十	万	千	百	丨	元	角	分			百	十	万	千	百	十	元	角	分
玻璃工艺品	件	1000	200	¥	2	0	0	0	0	0	0	0		17		¥	3	4	0	0	0	0	0
合　计				¥	2	0	0	0	0	0	0	0				¥	3	4	0	0	0	0	0

价税合计（大写）	×仟×佰贰拾叁万肆仟零佰零拾零元零角零分　　¥：234000.00

销货单位			
名　称	明珠玻璃制品厂	纳税人登记号	210205424357283
地址、电话	银川开发区沈阳路 4 号	开户银行及账号	开发区工商行　3678763

第二联　发票联　购货方记账

开票人：　　　　　　　　　　开票单位：明珠玻璃制品厂财务专用章

附录 3－2－1

中国工商银行流动资金借款收据(回单)

2013 年 *12* 月 *3* 日

借款单位全称	银川新华商业股份有限公司		存款账号	*1486752*
贷款种类	长期周转借款	年利率 9％	贷款户账号	
贷款金额	人民币(大写):贰佰万元整			百十万千百十元角分 ￥ 2 0 0 0 0 0 0 0
借款原因或用途:新建工程		约定还款期限		*2016* 年 *12* 月 *3* 日
备　　注: 工商银行新城支行		上列贷款已转入你单位的存款户		

此联代顾款账户收账通知

附录 3－3－1

商业承兑汇票

签发日期:*2013* 年 *12* 月 *5* 日

收款人	全　　称	银川新华商业股份有限公司		付款人	全　　称	东方贸易公司	
	账　　号	*1486752*			账　　号	*4896011*	
	开户银行	工商银行新城支行	行号		开户银行	工商银行	行号 *20*
汇票金额	人民币(大写):贰拾叁万肆仟元整					百十万千百十元角分 ￥ 2 3 4 0 0 0 0 0	
汇票到期日	*2014* 年 *3* 月 *1* 日			交易合同号		*3624*	

本汇票请你单位承兑,并及时将承兑汇票寄交我单位。

此致

承兑人　　　　收款人盖章

负责 于立　　　　经办 万方

备注:

此联交收款人作为回单或收账通知

附录3-5-1

宁夏银川市企业事业单位收款发票

2013年12月6日　　№:0030456

交款单位(个人):银川新华商业股份有限公司	支付方式 现　金
金额人民币(大写):贰佰元整	¥:200.00
款项用途:企业管理培训学费	

②报销凭证

收款单位:银川市企业管理学会财务专用章　收款人:赵　杰　开票人:李　丹

附录3-6-1

银川新华商业股份有限公司上半年现金
股利代扣个人所得税计算表

2013年12月9日

姓　名	股　利	税　率	代扣金额	备　注
李国峰	250000.00	20%	50000.00	
丁　琪	250000.00	20%	50000.00	
于平太	250000.00	20%	50000.00	
刘　军	250000.00	20%	50000.00	
刘玉琨	250000.00	20%	50000.00	
孙　杰	250000.00	20%	50000.00	
韩　力	250000.00	20%	50000.00	
谢东辉	250000.00	20%	50000.00	
合　计	2000000.00		400000.00	

制表:　　审核:

附录 3－6－2

中国工商银行电汇凭证(回单)

№:00011508

委托日期:**2013** 年 **12** 月 **9** 日　　　　第　　号

<table>
<tr><td rowspan="3">汇款人</td><td>全　称</td><td colspan="3">银川新华商业股份有限公司</td><td rowspan="3">收款人</td><td>全　称</td><td colspan="3">深圳证券交易所</td></tr>
<tr><td>账号或住址</td><td colspan="3">1486752</td><td>账号或住址</td><td colspan="3">2680095</td></tr>
<tr><td>汇出地点</td><td>宁夏银川市</td><td>汇出行名称</td><td>工行新城支行</td><td>汇款地点</td><td>广东省深圳市</td><td>汇入行名称</td><td>支行</td></tr>
<tr><td colspan="2">金　额</td><td colspan="7">人民币(大写):壹佰陆拾万元整</td><td>千 百 十 万 千 百 十 元 角 分
¥ 1 6 0 0 0 0 0 0 0</td></tr>
<tr><td colspan="2">汇款用途</td><td colspan="4">税后股利款</td><td colspan="4">汇出行盖章　工商银行新城支行</td></tr>
</table>

此联汇出行给汇款人的回单

附录 3－7－1

中国工商银行　资金汇划(贷方)补充凭证　　1965366

行　　名:工行新城支行　　　　收报日期:2013.12.9

业务种类:汇兑

收款人账号:1486752

收款人户名:银川新华商业股份有限公司

付款人户名:诚惠公司

大写余额:贰拾捌万元整

小写金额:¥280000.00

发报流水号:00000044

发报行行号:21695004　　　　收报流水号:0010398

发报行行名:西夏区发行办　　　　收报行行号:216972

用　　途:货款　　　　工商银行新城支行

注:本凭证为打印件

附录 3-8-1

中国工商银行收费凭证

№:292004

2013 年 12 月 9 日　　　　第　　号

户　名	银川新华商业股份有限公司	账　号		1486752							
开户银行	工行新城支行	凭证(结算)种类	单价	数量	金额						
					万	千	百	十	元	角	分
收费种类	工本费	转账支票	10	1			¥	1	0	0	0
1. 客户购买凭证时在"收费种类"栏填写工本费,在"凭证种类"栏填写所购凭证名称。 2. 客户在办理结算业务时,在"收费种类"栏分别填写手续费或邮电费,在"结算种类"栏填写办理的结算方式。		进账单	1.50	2				¥	3	0	0
		现金交款单	1	1				¥	1	0	0
		电信单	1	1				¥	1	0	0
		合计金额(大写)	壹拾伍元整				¥	1	5	0	0

第一联 回单

开具单位:工商银行新城支行　　　　复核:朱　江　　　　记账:武　军

附录 3-9-1

宁夏回族自治区增值税专用发票

开票日期:2013 年 12 月 10 日　　　　№:0071898

购货单位	名　称	银川市新华商业股份有限公司	纳税人登记号	210204356762254
	地址、电话	书苑西巷 58 号	开户银行及账号	工行新城支行　1486752

货物或应税劳务名称	计量单位	数量	单价	金额									税率%	税额								
				百	十	万	千	百	十	元	角	分		百	十	万	千	百	十	元	角	分
轿　车	辆	1	300000	¥	3	0	0	0	0	0	0	0	17		¥	5	1	0	0	0	0	0
合　计				¥	3	0	0	0	0	0	0	0			¥	5	1	0	0	0	0	0

价税合计(大写)	×仟×佰叁拾伍万壹仟零佰零拾零元零角零分		¥:3510000.00	
销货单位	名　称	银川汽车贸易中心	纳税人登记号	210202378693204
	地址、电话	红星路 41 号 2634687	开户银行及账号	工行红星分理处 386431

第二联 发票联 购货方记账

开票人:赵　亮　　　　开票单位:银川汽车贸易中心财务专用章

附录 3－10－1

中国工商银行

转账支票存根　　（宁）

支票号码：Ⅻ　006409

科　　目 ______________

双方科目 ______________

出票日期　*2013* 年 *12* 月 *11* 日

收款人：	昌隆毛纺织厂
金　额：	*1170000* 元
用　途：	进毛料
备　注：	

单位主管：　　　　会计：

复　　核：　　　　记账：

附录 3－10－2

宁夏回族自治区增值税专用发票

开票日期：*2013* 年 *12* 月 *11* 日　　　　№：0098983

购货单位	名　　称	银川市新华商业股份有限公司	纳税人登记号	*210204356762254*
	地址、电话	书苑西巷 *58* 号 *7654321*	开户银行及账号	工行新城支行 *1486752*

货物或应税劳务名称	计量单位	数量	单价	金额 百	十	万	千	百	十	元	角	分	税率%	税额 百	十	万	千	百	十	元	角	分
纯毛料	匹	*200*	*5000*	*1*	*0*	*0*	*0*	*0*	*0*	*0*	*0*	*0*	*17*	¥	*1*	*7*	*0*	*0*	*0*	*0*	*0*	*0*
合　　计				*1*	*0*	*0*	*0*	*0*	*0*	*0*	*0*	*0*		¥	*1*	*7*	*0*	*0*	*0*	*0*	*0*	*0*

价税合计（大写）	×仟壹佰壹拾柒万零仟零佰零拾零元零角零分	¥：*1170000.00*

销货单位	名　　称	昌隆毛纺织厂	纳税人登记号	*210204348576983*
	地址、电话	西安路 *188* 号 *4385607*	开户银行及账号	工行西安路办事处 *368953*

第二联　发票联　购货方记账

开票人：李冬梅　　　　开票单位：昌隆毛纺织厂财务专用章

附录 3－10－3

商品入库单

2013 年 12 月 11 日

供货单位	昌隆毛纺织厂		附原凭 4 张	发票号		78983	2013 年 12 月 11 日		
货号	名称	型号规格	单位	数量		进货价		验收损耗	
				发票	实收	单价	金额	数量	金额
012318	黑色毛料	2.5m	匹	160	160	5000	800000		
012320	咖啡色毛料	2.5m	匹	20	20	5000	100000		
012321	蓝灰色毛料	2.5m	匹	20	20	5000	100000		
运杂费				0		合　计		1000000.00	

仓库负责人：李　东　　　　保管员：王　晓　　　　交货人：王　军

三 财会

附录 3－11－1

宁夏回族自治区增值税专用发票

开票日期：2013 年 12 月 11 日　　　　№：0045832

购货单位	名　称	大华公司	纳税人登记号	210340002614569
	地址、电话	北京东路号 2638245	开户银行及账号	工行北京路分理处 326784

货物或应税劳务名称	计量单位	数量	单价	金额 百	十	万	千	百	十	元	角	分	税率%	税额 百	十	万	千	百	十	元	角	分
64 厘米彩色电视机	台	40	3000	¥	1	2	0	0	0	0	0	0	17		¥	2	0	4	0	0	0	0
3/10,2/20,n/30																						
合　计				¥	1	2	0	0	0	0	0	0			¥	2	0	4	0	0	0	0
价税合计（大写）	×仟×佰壹拾肆万零仟肆佰零拾零元零角零分													¥：140400.00								

销货单位	名　称	银川新华商业股份有限公司	纳税人登记号	210204356762254
	地址、电话	书苑西巷 58 号 7654321	开户银行及账号	工行新城支行 1486752

开票人：　　　　开票单位：新华商业股份有限公司财务章

第一联 记账联

附录 3-11-2

商品出库单

2013 年 12 月 11 日

购货单位	大华公司			提货单号	34520	发票号	45832	
货号	名称	型号规格	单位	数量		进货成本		提货方式
				发票	实付	单价	金额	
001112	彩电	64 厘米	台	40	40	2500	100000	送货
备注								

仓库负责人:李 东　　保管:赵 兰　　提货人:黄书成

三 财会

附录 3-12-1

中国工商银行电汇凭证(回单)

№:149211

委托日期:2013 年 12 月 11 日　　第 号

汇款人	全称	银川新华商业股份有限公司		收款人	全称	银川五洲公司	
	账号或住址	1486752			账号或住址	1897952	
	汇出地点	宁夏银川市	汇出行名称：工行新城支行		汇款地点	宁夏银川市	汇入行名称：招行沈阳支行
金额	人民币(大写):壹佰万元整					千百十万千百十元角分	¥100000000
汇款用途	清还前欠货款			汇出行盖章:工商银行新城支行　2013 年 12 月 11 日			

单位主管　　会计　　复核　　记账

此联汇出行给汇款人的回单

附录 3 - 13 - 1

收款收据

2013 年 12 月 11 日　　　　№:04366

	支付方式
交款单位(个人):银川新华商业股份有限公司	转账支票 6411
金额人民币(大写):贰拾伍万元整	¥250000.00
款项用途:预付货款	

收款单位:万象公司财务专用章　　收款人:冯　玲　　开票人:王　晓

② 此联交给交款单位证

附录 3 - 14 - 1

宁夏电信公司银川市分公司电信业务专用发票

发　票　联(手写无效)

宁夏电信发票 1　　2013 年 12 月 11 日　　№:0527490

用户名称	银川新华商业股份有限公司		电话号码	清单	账号	199900178235
合计金额	人民币(大写):陆仟伍佰元整				金额	¥:6500.00
项目	国内长途	3500.00	拔打 GSM 国内长途			1000.00
	区间通话费	500.00	乙类电话基本月租			350.00
	169 使用费	800.00	8163 使用费			350.00
	通话费周期:2013.10.20—2013.11.20					

付款方式:支票托收　　收款员:童君　　收款单位:银川电信公司业务专用章

② 报销凭证

附录 3－15－1

中国工商银行

转账支票存根　（宁）

支票号码：Ⅻ　006414

科　　目＿＿＿＿＿＿＿＿

双方科目＿＿＿＿＿＿＿＿

出票日期　*2013* 年 *12* 月 *12* 日

收款人：银川地税局	
金　额：*3600* 元	
用　途：购印花税票	
备　注：	

单位主管：　　　　会计：

复　　核：　　　　记账：

附录 3－15－2

中华人民共和国印花税票销售凭证　地

填发日期 *2013* 年 *12* 月 *12* 日　　　　№：004595600

购买单位	银川新华商业股份有限公司		购买人	孙奇	
购买印花税票					
面值种类	数量	金额	面值种类	数量	金额
壹角票			伍元票	*50*	*250.00*
贰角票			拾元票	*20*	*200.00*
伍角票			壹佰元票	*30*	*3000.00*
壹元票	*50*	*50.00*			
贰元票	*50*	*100.00*	总计		*3600.00*
合计金额（大写）	×佰×拾×万叁仟陆佰零拾零元零角零分				
销售单位	银川地税局收款专用章	售票人	迟飞	备注	

第二联（收据）购票单位作报销凭证

附录 3－16－1

(生产周转贷款)还款凭证(回单)

原借款凭证单位编号：　　　　日期：2013 年 12 月 12 日　　　　原借款凭证银行编号：

借款单位	名　称	银川新华商业股份有限公司	付款单位	名　称	银川新华商业股份有限公司
	放款户账号	1486752		往来账号	1486752
	开户银行	工行新城支行		开户银行	工行新城支行
计划还款日期		2013 年 12 月 12 日	还款次序		第　　次还款
还款金额		人民币(大写)：伍拾万元整		千百十万千百十元角分	￥5 0 0 0 0 0 0
还款内容		基建周转短期借款			
备　注			上述借款已从你单位往来账户内转还。 此致 借款单位 (银行盖章)　工商银行新城支行 2013 年 12 月 12 日		

附录 3－16－2

中国工商银行(利息回单)

日期：2013 年 12 月 12 日

付款单位	账　号	1486752	收款单位	账　号	04050100080
	户　名	银川新华商业股份有限公司		户　名	工行新城支行
计息起讫日期		2013.11.13～2013.12.12			
积　数		利率：　‰		利息	5000.00
备　注		短期借款利息		银行盖章	工商银行新城支行

借、贷款通知书

附录 3-17-1

中国工商银行　资金汇划(贷方)补充凭证　　　1966383

行　　名：工行新城支行　　　　收报日期：2012.12.13

业务种类：汇兑

收款人账号：1486752

收款人户名：银川新华商业股份有限公司

付款人户名：上海三星公司

大写余额：壹万叁仟陆佰元整

小写金额：¥13600.00

发报流水号：00000069

发报行行号：21695　　　　收报流水号：0010409

发报行行名：上海淮海分理处　　　　收报行行号：216972

打印次数：01

用　　途：货款　　　　工商银行新城支行

注:本凭证为打印件

附录 3-18-1

中国工商银行

转账支票存根　（宁）

支票号码：Ⅻ　006415

科　　目 ______________________

双方科目 ______________________

出票日期　*2013* 年 *12* 月 *13* 日

收款人：	白云公司
金　额：	7000000 元
用　途：	购货款
备　注：	

单位主管：　　　　会计：

复　　核：　　　　记账：

附录 3-18-2

收 款 收 据(第二联)

收款日期:2013 年 12 月 6 日　　　　№:4539602

<table>
<tr><td>交款单位</td><td>银川新华商业股份有限公司</td><td>供销科</td><td>刘 勇</td><td>支付方式</td><td colspan="8">支票 6414</td></tr>
<tr><td rowspan="2">人民币
(大写)</td><td rowspan="2" colspan="3">柒拾万元整</td><td>百</td><td>十</td><td>万</td><td>千</td><td>百</td><td>十</td><td>元</td><td>角</td><td>分</td></tr>
<tr><td>¥</td><td>7</td><td>0</td><td>0</td><td>0</td><td>0</td><td>0</td><td>0</td><td>0</td></tr>
<tr><td rowspan="2">收款事由</td><td rowspan="2" colspan="2">收货款</td><td rowspan="2">经办</td><td>部门</td><td colspan="8"></td></tr>
<tr><td>人员</td><td colspan="8"></td></tr>
<tr><td colspan="2">上述款照数收讫无误。
收款单位财会专用章
白云公司财务专用章</td><td>会计主管人员</td><td></td><td>稽核员</td><td></td><td>出纳员</td><td colspan="2">王 东</td><td>交款人</td><td colspan="3">于 艳</td></tr>
</table>

此联做记账凭证依据

填制要求:①三联必须一次复写填制,不得涂改;如填制错误,不得撕掉,要保留备查。
②支付方式填"现金"或"转账"。

附录 3-19-1

中国工商银行

转账支票存根　　(宁)

支票号码:Ⅻ　026502

科　　目______

双方科目______

出票日期　2013 年 12 月 13 日

收款人:	大连海星商业股份有限公司
金　额:	105000 元
用　途:	备发工资提现
备　注:	

单位主管:刘河　　　　会计:孙奇

复　　核:　　　　　　记账:

附录 3 - 20 - 1

12 月份职工工资明细表

部别　　　　2013 年 12 月

编号	月份	姓名	基础工资	职务工资	书报费	主食燃料	副食水贴	肉价补贴	交通补贴	误餐费	洗理费	房补	应领工资	实领工资	领收人签字
1	12	刘宏	245.00	30.00	10.00	5.75	15.00	7.20	9.00	20.00	4.00	2.72	348.67	348.67	

编号	月份	姓名	基础工资	职务工资	书报费	主食燃料	副食水贴	肉价补贴	交通补贴	误餐费	洗理费	房补	应领工资	实领工资	领收人签字
2	12	王威	225.00	30.00	10.00	5.75	15.00	7.20	9.00	20.00	9.00	2.10	333.05	333.05	

编号	月份	姓名	基础工资	职务工资	书报费	主食燃料	副食水贴	副食水贴	交通补贴	误餐费	洗理费	房补	应领工资	实领工资	领收人签字
3	12	万达	275.00	40.00	10.00	5.75	15.00	7.20	9.00	20.00	9.00	2.76	388.71	388.71	

编号	月份	姓名	基础工资	职务工资	书报费	主食燃料	副食水贴	副食水贴	交通补贴	误餐费	洗理费	房补	应领工资	实领工资	领收人签字
4	12	韩青	260.00	35.00	10.00	5.75	15.00	7.20	9.00	20.00	9.00	3.00	373.95	373.95	

编号	月份	姓名	基础工资	职务工资	书报费	主食燃料	副食水贴	副食水贴	交通补贴	误餐费	洗理费	房补	应领工资	实领工资	领收人签字
5	12	王军	470.00	50.00	10.00	3.13	15.00	7.20	9.00	20.00	4.00	4.74	591.87	591.87	

编号	月份	姓名	基础工资	职务工资	书报费	主食燃料	副食水贴	副食水贴	交通补贴	误餐费	洗理费	房补	应领工资	实领工资	领收人签字
6	12	马云	470.00	50.00	10.00	3.13	15.00	7.20	9.00	20.00	4.00	4.74	591.87	591.87	

⋮

编号	月份	姓名	基础工资	职务工资	书报费	主食燃料	副食水贴	副食水贴	交通补贴	误餐费	洗理费	房补	应领工资	实领工资	领收人签字
186	12	王光	225.00	30.00	10.00	5.75	15.00	7.20	9.00	20.00	9.00	2.10	333.05	333.05	

合计			75798.80	6716	1900	902.30	2986	2343	4422	4160	20025	74.00	5000	105000	

附录 3－21－1

托收承付凭证(回单)

电　　委托日期:2013 年 12 月 16 日　　托收号码

汇款人	全　称	广州福禄商行	收款人	全　称	银川新华商业股份有限公司	
	账号或住址	036897		账　号	1486752	
	开户银行	广州三元里工行分理处		开户银行	银川市工行新城支行	行号 50
托收金额		人民币(大写):贰拾壹万肆仟壹佰元整			千百十万千百十元角分	¥21410000
附　件		商品发运情况			合同名称号码	
附寄单证张数或册数	3	已发运				
备注:电划		款项收妥日期 年　月　日			工商银行新城支行 收款人开户银行盖章 12 月 16 日	

此联是收款人开户银行给收款人的回单

单位主管　　会计　　复核　　记账

附录 3－21－2

宁夏回族自治区增值税专用发票

开票日期:2013 年 12 月 16 日　　№:0045833

购货单位	名称	广州福禄商行		纳税人登记号					501489005676														
	地址、电话	广州三元里		开户银行及账号					广州三元里工行分理处 036897														
货物或应税劳务名称		计量单位	数量	单价	金额 百	十	万	千	百	十	元	角	分	税率%	税额 百	十	万	千	百	十	元	角	分
保鲜冰柜		台	25	4000		1	0	0	0	0	0	0	0	17			1	7	5	0	0	0	0
64 厘米彩电		台	20	4000			8	0	0	0	0	0	0				1	3	6	0	0	0	0
合　计						1	8	0	0	0	0	0	0				3	0	6	0	0	0	0
价税合计(大写)		×仟×佰贰拾壹万零仟陆佰零拾零元零角零分															¥:210600.00						
销货单位	名称	银川新华商业股份有限公司		纳税人登记号					210204356762254														
	地址、电话	书苑西巷 58 号 7654321		开户银行及账号					工行新城支行 1486752														

第四联 记账联

开票人:于　莉　　开票单位:银川新华商业股份有限公司财务专用章

附录 3－21－3

商品出库单

2013 年 **12** 月 **5** 日

购货单位	广州福禄商行			提货单号	34519		发票号	45833
货号	名称	型号规格	单位	数量		进货成本		提货方式
				发票	实付	单价	金额	
88742	保鲜冰柜		台	25	25	3200	80000	自提
67541	64 厘米彩电		台	20	20	4000	80000	
合计							160000	
备注								

仓库负责人：李　东　　　　保管员：王　晓　　　　提货人：成　才

三
财会

附录 3－22－1

中国工商银行

转账支票存根　（宁）

支票号码：Ⅻ　006423

科　　目 ____________________

双方科目 ____________________

出票日期　**2013** 年 **12** 月 **11** 日

收款人：三环化工厂
金　额：468000 元
用　途：购货
备　注：

单位主管：　　　　会计：

复　　核：　　　　记账：

附录 3－22－2

宁夏回族自治区增值税专用发票

开票日期：2013 年 12 月 18 日　　　　No：0005987

购货单位	名　称	银川新华商业股份有限公司	纳税人登记号	210204356762254
	地址、电话	书苑西巷 58 号	开户银行及账号	工行新城支行 1486752

货物或应税劳务名称	计量单位	数量	单价	金额									税率%	税额								
				百	十	万	千	百	十	元	角	分		百	十	万	千	百	十	元	角	分
油　漆	桶	3000	100	¥	3	0	0	0	0	0	0	0	17		¥	5	1	0	0	0	0	0
染　料	桶	2000	50		1	0	0	0	0	0	0	0	17			1	7	0	0	0	0	0
合　　计				¥	4	0	0	0	0	0	0	0			¥	6	8	0	0	0	0	0

价税合计（大写）	×仟×佰肆拾陆万捌仟零佰零拾零元零角零分			¥：468000.00
销货单位	名　称	三环化工厂	纳税人登记号	210204894763452
	地址、电话	沙区富国街 4305466	开户银行及账号	工行解放广场办 219864

开票人：董　平　　　　开票单位：三环化工厂财务专用章

第二联 发票联 购货方记账

附录 3－22－3

商品入库单

2013 年 12 月 18 日

供货单位	三环化工厂		附原凭 3 张	发票号		5987		2013 年 12 月 18 日	
货号	名称	型号规格	单位	数量		进货价		验收损耗	
				发票	实收	单价	金额	数量	金额
612083	油漆		件	3000	3000	100	300000		
612084	染料			2000	2000	20	100000		
注明采购方式			运杂费			0		用　途	
自行采购			合　计			400000.00			

仓库负责人：李　东　　　　保管员：黄　吉　　　　交货人：沈明辉

三 财会

附录 3-24-1

借　款　单(代明细账)

借款部门：总务科　　　　2013年12月19日　　　　№:0049769

<table>
<tr><td colspan="2">人民币(大写)：伍仟元整</td><td colspan="6">¥：5000.00</td></tr>
<tr><td>用　　途</td><td colspan="7">建立定额备用金</td></tr>
<tr><td>付款方式</td><td>现　　金</td><td>票据号码</td><td></td><td>经　　理</td><td colspan="3">李平力</td></tr>
<tr><td rowspan="2">收款单位</td><td rowspan="2">总务科</td><td>开户银行</td><td></td><td rowspan="2">财务部门</td><td colspan="3" rowspan="2">借款部门</td></tr>
<tr><td>账　　号</td><td></td></tr>
<tr><td rowspan="3">报销记录</td><td>年　月　日</td><td>科　目</td><td>报销金额</td><td>结欠金额</td><td rowspan="3">报销人</td><td>负责人</td><td>刘　河</td></tr>
<tr><td></td><td></td><td></td><td></td><td>审核</td><td>孙　奇</td></tr>
<tr><td></td><td></td><td></td><td></td><td>记账</td><td></td></tr>
</table>

借款部门	
负责人	李东风
借款人	于和春
经办人	王　丽

附录 3-25-1

中国工商银行

转账支票存根　　（宁）

支票号码：Ⅻ　006425

科　　目＿＿＿＿＿＿＿＿＿＿

双方科目＿＿＿＿＿＿＿＿＿＿

出票日期　2013年12月19日

收款人：	东海渔村
金　额：	18600元
用　途：	招待费
备　注：	

单位主管：　　　　　　会计：

复　　核：　　　　　　记账：

附录3－25－2

宁夏银川市社会服务统一发票

付款单位：银川新华商业股份有限公司　　**2013** 年 **12** 月 **19** 日　　№：005463

项　目	单　位	数　量	单　价	金额						
				万	千	百	十	元	角	分
餐　费				1	8	6	0	0	0	0
合计金额（大写）	壹万捌仟陆佰零拾零元零角零分			1	8	6	0	0	0	0

② 报销凭证

收款单位：东海渔村收款专用章　　收款人：李　仪　　开票人：王　小

附录3－26－1

商品出库单

2013 年 **12** 月 **20** 日

购货单位	大明商店		提货单号	无		发票号	45834
货号	名称	型号规格	单位	数量		进货成本		提货方式
				发票	实付	单价	金额	
001210	彩电	74 厘米	台	20	20	3430	68600	退　货
备　注	大明商店退货							

三 财会

仓库负责人：李　东　　保管员：赵　呈　　提货人：

注：本凭证中的用方框围起来的数码为红字。

附录 3-26-2

宁夏回族自治区增值税专用发票

开票日期:2013 年 12 月 20 日　　　　No:0045834

购货单位				
购货单位	名　　称	大明商店	纳税人登记号	210202454678952
	地址、电话	天津街 353 号	开户银行及账号	招商银川行 245794

货物或应税劳务名称	计量单位	数量	单价	金额 百	十	万	千	百	十	元	角	分	税率%	税额 百	十	万	千	百	十	元	角	分
退 74 厘米彩电	台	20	3500		¥	7	0	0	0	0	0	0	17		¥	1	1	9	0	0	0	0
合　计					¥	7	0	0	0	0	0	0			¥	1	1	9	0	0	0	0

价税合计(大写)	×仟×佰×拾捌万壹仟玖佰零拾零元零角零分　　¥:81900.00

销货单位				
销货单位	名　　称	银川新华商业股份有限公司	纳税人登记号	210204356762254
	地址、电话	书苑西巷 48 号 7654321	开户银行及账号	工行新城支行 1486752

第四联　记账联

收款人:于　莉　　　　开票单位:银川新华商业股份有限公司财务专用章

注:本凭证中的用方框围起来的数码为红字。

附录 3-27-1

商品出库单

2013 年 12 月 21 日

购货单位	大明公司		提货单号	34524		发票号	45835	
货号	名称	型号规格	单位	数量		进货成本		提货方式
				发票	实付	单价	金额	
991231	彩电	96 厘米	台	50	50	5000	250000	自　提
备　注								

三　财会

仓库负责人:李　东　　　　保管员:赵　兰　　　　提货人:成　才

附录 3－27－2

宁夏回族自治区增值税专用发票

开票日期：2013 年 12 月 21 日　　　　№:0045835

购货单位	名　称	大明商场					纳税人登记号						210202454678952										
	地址、电话	天津街 353 号					开户银行及账号						招商银川行 245794										
货物或应税劳务名称		计量单位	数量	单价	金额									税率%	税额								
					百	十	万	千	百	十	元	角	分		百	十	万	千	百	十	元	角	分
96 厘米彩色电视		台	50	6000	¥	3	0	0	0	0	0	0	0	17		¥	5	1	0	0	0	0	0
合　计					¥	3	0	0	0	0	0	0	0			¥	5	1	0	0	0	0	0
价税合计（大写）		×佰叁拾伍万壹仟零佰零拾零元零角零分　　¥:351000.00																					
销货单位	名　称	银川新华商业股份有限公司					纳税人登记号						210204356762254										
	地址、电话	书苑西巷 48 号 7654321					开户银行及账号						工行新城支行 1486752										

开票人：于　莉　　　　开票单位：银川新华商业股份有限公司财务专用章

第四联　记账联

附录 3－28－1

商品出库单

2013 年 12 月 22 日

购货单位	安虹贸易公司		提货单号	34525		发票号	45836	
货号	名称	型号规格	单位	数量		进货成本		提货方式
				发票	实付	单价	金额	
991023	电冰箱	L210p	台	700	700	－	2400000	自　提
备　注								

仓库负责人：李　东　　　保管员：王　晓　　　提货人：武　德

注：本凭证单价为小数，故略。

三　财会

附录 3－28－2

中国工商银行
进 账 单
2013 年 12 月 22 日 第 号

收款人全称	银川新华商业股份有限公司	账号	1486752	开户行	工行新城支行
人民币（大写）	肆佰零玖万伍仟元整			千百十万千百十元角分	￥4 0 9 5 0 0 0 0 0

付款人全称	账号	开户银行	金额（千百十万千百十元角分）	工商银行新城支行 收款人开户行盖章
安虹贸易公司	3537645	开发区工行办	￥4 0 9 5 0 0 0 0 0	

此联交收款人作回单或收账通知

附录 3－28－3

宁夏回族自治区增值税专用发票

开票日期：2013 年 12 月 22 日 №：0045836

购货单位	名称	安虹贸易公司	纳税人登记号	210205443254546
	地址、电话	开发区沈阳路 4 号 7654321	开户银行及账号	开发区工行办 3537645

货物或应税劳务名称	计量单位	数量	单价	金额 百	十	万	千	百	十	元	角	分	税率%	税额 百	十	万	千	百	十	元	角	分
电冰箱	台	700	5000	3	5	0	0	0	0	0	0	0	17	￥	5	9	5	0	0	0	0	0
合 计				3	5	0	0	0	0	0	0	0		￥	5	9	5	0	0	0	0	0

价税合计（大写）	×仟肆佰零拾玖万伍仟零佰零拾零元零角零分	￥：4095000.00

销货单位	名称	银川新华商业股份有限公司	纳税人登记号	210204356762254
	地址、电话	书苑西巷 48 号 7654321	开户银行及账号	工行新城支行 1486752

开票人：于 莉 开票单位：银川新华商业股份有限公司财务专用章

第一联 记账联

附录 3-29-1

中国工商银行
进 账 单

2013 年 12 月 23 日　　　　　　　　第　　号

收款人全称	银川新华商业股份有限公司	账号	1486752	开户行	工行新城支行

人民币（大写）	千	百	十	万	千	百	十	元	角	分
壹拾叁万陆仟捌佰元整		¥	1	3	6	8	0	0	0	0

付款人全称	账　号	开户银行	金额 千	百	十	万	千	百	十	元	角	分	
大华公司	2457863	工行开发区办		¥	1	3	6	8	0	0	0	0	工商银行新城支行 收款人开户行盖章
													单位会计　复核　记账

此联交收款人作回单或收账通知

附录 3-30-1

宁夏银川市社会服务统一发票

付款单位：银川新华商业股份有限公司　　2013 年 12 月 24 日　　№：0503483

项　目	单　位	数　量	单　价	金额 万	千	百	十	元	角	分
房屋修缮费				5	0	0	0	0	0	0
合计金额（大写）	伍万零仟零佰零拾零元零角零分			5	0	0	0	0	0	0

② 报销凭证

收款单位：爱屋装修公司财务专用章　　收款人：陈　新　　开票人：万　容

注：二、三联同时撕扯（拾元以下除外）。

附录 3－30－2

中国工商银行
转账支票存根　（宁）
支票号码：Ⅻ　006430

科　　目 ______________________
双方科目 ______________________
出票日期　*2013* 年 *12* 月 *24* 日

收款人：爱屋装修公司	
金　额：*50000* 元	
用　途：修缮费	
备　注：	

单位主管：　　　　会计：
复　　核：　　　　记账：

附录 3－31－1

商品盘点报告单①
***2013* 年 *12* 月 *24* 日**

商品编号	品名	规格	单位	单位成本	账存数量	实存数量	盘盈		盘亏		盘亏原因	董事会审　批
							数量	金额	数量	金额		
…	…	…	…	…	…	…			…	…		
合　计										*250000*		

董事长：　　　　经理：　　　　部门负责人：刘　河　　　　制表：

注：本凭证为上报董事会报告附件的存档文件，报告原文略。

附录 3－32－1

中国工商银行　　　利息回单

日期：2013 年 12 月 24 日

付款单位	账　号	1486752	收款单位	账　号	03050100089
	户　名	银川新华商业股份有限公司		户　名	工行新城支行
计息起讫日期		2013.01.24～2013.12.24			
积　数：		利率：9%		利息：	432000.00
备　注		长期贷款利息		银行盖章	工商银行新城支行

借、贷款通知书

注：本凭证为打印件。

附录 3－33－1

商品盘点报告单②

2013 年 12 月 28 日

商品编号	品名	规格	单位	单位成本	账存数量	实存数量	盘盈		盘亏		盘亏原因	董事会审　批
							数量	金额	数量	金额		
…	…	…	…	…	…	…			…	…	自然损耗	
合　计										250000		同意核销

董事长：赵　才　　　经理：李平力　　　部门负责人：刘　河　　　制表：

注：本凭证为经董事会批复报告的附件。

附录 3-41-1

所得税计算表

2013 年 12 月 31 日

应纳税所得额	税　　率	应纳税额
	25%	
合　　计		

制表：　　　　　　　　　　　　　　审核：

附录 3-43-1

盈余公积计算表

2013 年 12 月 31 日

项　　目	计提依据	计提比例	计提金额
法定盈余公积		10%	
任意盈余公积		5%	
合　　计			

制表：　　　　　　　　　　　　　　审核：

附录 3 – 空白记账凭证

记 账 凭 证

20　　年　月　日　　　　　　　　　　记字第　　号

摘 要	会计科目		借方金额								贷方金额								记账√
	总账科目	明细科目	十	万	千	百	十	元	角	分	十	万	千	百	十	元	角	分	
附件 张	合 计																		

会计主管　　　　记账　　　　出纳　　　　审核　　　　制单

记 账 凭 证

20　　年　月　日　　　　　　　　　　记字第　　号

摘 要	会计科目		借方金额								贷方金额								记账√
	总账科目	明细科目	十	万	千	百	十	元	角	分	十	万	千	百	十	元	角	分	
附件 张	合 计																		

会计主管　　　　记账　　　　出纳　　　　审核　　　　制单

记 账 凭 证

20　　年　月　日　　　　　　　　　　　　记字第　　号

摘　要	会计科目		借方金额								贷方金额								记账√
	总账科目	明细科目	十	万	千	百	十	元	角	分	十	万	千	百	十	元	角	分	
附件　张	合　计																		

会计主管　　　　记账　　　　出纳　　　　审核　　　　制单

记 账 凭 证

20　　年　月　日　　　　　　　　　　　　记字第　　号

摘　要	会计科目		借方金额								贷方金额								记账√
	总账科目	明细科目	十	万	千	百	十	元	角	分	十	万	千	百	十	元	角	分	
附件　张	合　计																		

会计主管　　　　记账　　　　出纳　　　　审核　　　　制单

记 账 凭 证

20　　年　月　日　　　　　　　　　　　　　记字第　　号

摘　要	会计科目		借方金额								贷方金额								记账√
	总账科目	明细科目	十	万	千	百	十	元	角	分	十	万	千	百	十	元	角	分	
附件　张	合　计																		

会计主管　　　　记账　　　　出纳　　　　审核　　　　制单

记 账 凭 证

20　　年　月　日　　　　　　　　　　　　　记字第　　号

摘　要	会计科目		借方金额								贷方金额								记账√
	总账科目	明细科目	十	万	千	百	十	元	角	分	十	万	千	百	十	元	角	分	
附件　张	合　计																		

会计主管　　　　记账　　　　出纳　　　　审核　　　　制单

记 账 凭 证

20　　年　月　日　　　　　　　　　　记字第　　号

摘　要	会计科目		借方金额								贷方金额								记账√
	总账科目	明细科目	十	万	千	百	十	元	角	分	十	万	千	百	十	元	角	分	
附件　张	合　计																		

会计主管　　　　记账　　　　出纳　　　　审核　　　　制单

记 账 凭 证

20　　年　月　日　　　　　　　　　　记字第　　号

摘　要	会计科目		借方金额								贷方金额								记账√
	总账科目	明细科目	十	万	千	百	十	元	角	分	十	万	千	百	十	元	角	分	
附件　张	合　计																		

会计主管　　　　记账　　　　出纳　　　　审核　　　　制单

记 账 凭 证

20　　年　月　日　　　　　　　　　　　　记字第　　号

摘　要	会计科目		借方金额								贷方金额								记账√
	总账科目	明细科目	十	万	千	百	十	元	角	分	十	万	千	百	十	元	角	分	
附件　张	合　计																		

会计主管　　　　记账　　　　出纳　　　　审核　　　　制单

记 账 凭 证

20　　年　月　日　　　　　　　　　　　　记字第　　号

摘　要	会计科目		借方金额								贷方金额								记账√
	总账科目	明细科目	十	万	千	百	十	元	角	分	十	万	千	百	十	元	角	分	
附件　张	合　计																		

会计主管　　　　记账　　　　出纳　　　　审核　　　　制单

➢附录四

现金日记账

第　　页

年		凭单号	摘要	对方会计科目名称	借（增）方									贷（减）方												余额											
月	日				百	十	万	千	百	十	元	角	分	十	亿	千	百	十	万	千	百	十	元	角	分	十	亿	千	百	十	万	千	百	十	元	角	分

银行日记账

第　　页

币　　种：________________　开户银行：________________　银行账号：________________

年		凭证号数		摘　要	支票		对方科目	存入(收款)												支取(付款)												结　余											
月	日	收款	付款		种类	号数		十	亿	千	百	十	万	千	百	十	元	角	分	十	亿	千	百	十	万	千	百	十	元	角	分	十	亿	千	百	十	万	千	百	十	元	角	分

明细账

会计科目名称或编号……………………

年		凭证编号	摘要	对方科目	借方												贷方												借或贷	余额												核对号
月	日				十	亿	千	百	十	万	千	百	十	元	角	分	十	亿	千	百	十	万	千	百	十	元	角	分		十	亿	千	百	十	万	千	百	十	元	角	分	

科目汇总表

年　月　日至　日　　　　凭证起讫号数:自　　号起至　　号止　　　　汇字第　　号

会计科目	借方金额									记账	贷方金额									记账
	百	十	万	千	百	十	元	角	分		百	十	万	千	百	十	元	角	分	
合计																				

总账

总页数	
本户页次	

会计科目名称或编号……………………

年		凭证编号	摘要	借方												贷方												借或贷	余额												核对号
月	日			十	亿	千	百	十	万	千	百	十	元	角	分	十	亿	千	百	十	万	千	百	十	元	角	分		十	亿	千	百	十	万	千	百	十	元	角	分	

➢附录五

银行存款余额调节表

单位名称：　　　　　　　　　　年　月　日　　　　　　　　　　单位:元

项目	金额	项目	金额
单位银行存款日记账的余额		银行对账单的余额	
加:银行已收单位未收款项 减:银行已付单位未收款项		加:单位已收银行未收款项 减:单位已付银行未付款项	
调节后的存款余额		调节后的存款余额	

➢附录六

记　账　凭　证

20　　年　月　日　　　　　　　　　　记字第　　号

摘　要	会计科目		借方金额								贷方金额								记账√
	总账科目	明细科目	十	万	千	百	十	元	角	分	十	万	千	百	十	元	角	分	
附件　张	合　　计																		

会计主管　　　　记账　　　　出纳　　　　审核　　　　制单

记 账 凭 证

20　　年　月　日　　　　　　　　　　记字第　　号

摘　要	会计科目		借方金额								贷方金额								记账√
	总账科目	明细科目	十	万	千	百	十	元	角	分	十	万	千	百	十	元	角	分	
附件　张	合　　计																		

会计主管　　　　记账　　　　出纳　　　　审核　　　　制单

记 账 凭 证

20　　年　月　日　　　　　　　　　　记字第　　号

摘　要	会计科目		借方金额								贷方金额								记账√
	总账科目	明细科目	十	万	千	百	十	元	角	分	十	万	千	百	十	元	角	分	
附件　张	合　　计																		

会计主管　　　　记账　　　　出纳　　　　审核　　　　制单

记 账 凭 证

20　　年　月　日　　　　　　　　记字第　　号

摘　要	会计科目		借方金额								贷方金额								记账√
	总账科目	明细科目	十	万	千	百	十	元	角	分	十	万	千	百	十	元	角	分	
附件　张	合　计																		

会计主管　　　　记账　　　　出纳　　　　审核　　　　制单

记 账 凭 证

20　　年　月　日　　　　　　　　记字第　　号

摘　要	会计科目		借方金额								贷方金额								记账√
	总账科目	明细科目	十	万	千	百	十	元	角	分	十	万	千	百	十	元	角	分	
附件　张	合　计																		

会计主管　　　　记账　　　　出纳　　　　审核　　　　制单

记 账 凭 证

20　　年　月　日　　　　　　　　　　　　记字第　　号

摘　要	会计科目		借方金额								贷方金额								记账√
	总账科目	明细科目	十	万	千	百	十	元	角	分	十	万	千	百	十	元	角	分	
附件　张	合　计																		

会计主管　　　　记账　　　　出纳　　　　审核　　　　制单

记 账 凭 证

20　　年　月　日　　　　　　　　　　　　记字第　　号

摘　要	会计科目		借方金额								贷方金额								记账√
	总账科目	明细科目	十	万	千	百	十	元	角	分	十	万	千	百	十	元	角	分	
附件　张	合　计																		

会计主管　　　　记账　　　　出纳　　　　审核　　　　制单

➤附录七

资产负债表

年　月　日

资　　产	年初余额	期末余额	负债及所有者权益	年初余额	期末余额
流动资产：	略		流动负债：	略	
货币资金			短期借款		
交易性金融资产			交易性金融负债		
应收票据			应付票据		
应收股利			应付账款		
应收利息			预收款项		
应收账款			应付职工薪酬		
其他应收款			应交税费		
预付款项			应付利息		
存货			应付股利		
待摊费用			其他应付款		
一年内到期的非流动资产			预提费用		
其他流动资产			一年内到期的非流动负债		
流动资产合计			其他流动负债		
			流动负债合计		
非流动资产：			非流动负债：		
可供出售金融资产			长期借款		
持有至到期投资			应付债券		
投资性房地产			长期应付款		
长期股权投资			预计负债		
长期应收款			递延所得税负债		
固定资产			其他非流动负债		
在建工程			非流动负债合计		
工程物资			负债合计		
固定资产清理			所有者权益：		
无形资产			实收资本		
开发支出			资本公积		
商誉			盈余公积		
长期待摊费用			未分配利润		
递延所得税资产			外币报表折算差额		
其他非流动资产			属于母公司所有者的权益合计		
非流动资产合计			少数股东权益		
			所有者权益合计		
资产总计			负债和所有者权益总计		

制表：　　　　　　　　　　审核：

损益表

项目	本月金额	本年累计	上年同期累计
一、营业收入		略	略
其中：主营业务收入			
其他业务收入			
减：营业成本			
其中：主营业务成本			
其他业务成本			
营业税金及附加			
营业费用			
管理费用			
财务费用			
资产减值损失			
加：公允价值变动净收益			
投资净收益			
二、营业利润			
加：营业外收入			
减：营业外支出			
其中：非流动资产处置损失			
三、利润总额			
减：所得税费用			
四、净利润			
归属于母公司所有者的净利润			
少数股东损益			

制表：　　　　　　　　审核：

参考文献

[1] 陈国辉,王文杰.会计学原理实训教程[M].北京邮电大学出版社,2012.
[2] 白宁,妥晓芬,黄占银.基础会计[M].西安交通大学出版社,2015.
[3] 王慧主.会计基础仿真实训[M].北京邮电大学,2014.
[4] 叶叔昌.基础会计实训[M].人民邮电出版社,2012.
[5] 段文平.基础会计实训[M].4版.立信会计出版社,2012.
[6] 丁增稳.基础会计实训[M].中国经济出版社,2012.
[7] 陈真子.基础会计实训[M].2版.中国人民大学出版社,2014.
[8] 樊彩霞.会计模拟综合实验教程[M].3版.中国纺织出版社,2013.
[9] 李占国.基础会计学综合模拟实验[M].立信会计出版社,2014.
[10] 杨芳,符桂珍,刘希玉,李金亮.会计综合模拟实验教程[M].清华大学出版社,2014.

图书在版编目(CIP)数据

基础会计实训/白宁等主编. 一西安:西安交通大学出版社,2015.9
ISBN 978-7-5605-6060-1

Ⅰ.①基… Ⅱ.①白… Ⅲ.①会计学 Ⅳ.①F230

中国版本图书馆 CIP 数据核字(2015)第 240139 号

书　　名 基础会计实训
主　　编 白　宁　妥晓芬　黄占银　李瑞瑞
责任编辑 袁　娟

出版发行 西安交通大学出版社
(西安市兴庆南路 10 号　邮政编码 710049)
网　　址 http://www.xjtupress.com
电　　话 (029)82668357　82667874(发行中心)
(029)82668315(总编办)
传　　真 (029)82668280
印　　刷 陕西丰源印务有限公司

开　　本 787mm×1092mm　1/16　**印张** 7.125　**字数** 167 千字
版次印次 2016 年 6 月第 1 版　2016 年 6 月第 1 次印刷
书　　号 ISBN 978-7-5605-6060-1/F·561
定　　价 19.80 元

读者购书、书店添货、如发现印装质量问题,请与本社发行中心联系、调换。
订购热线:(029)82665248　(029)82665249
投稿热线:(029)82668133　(029)82665375
读者信箱:xj_rwjg@126.com